農家の加藤さんが教える

おいしい
プランター
野菜づくり

加藤正明

はじめに

野菜作りの楽しさは、まるで子育てをするかのように元気な成長を見守れることです。小さなタネや苗から生きようとする生命力は作り手の励みとなり、自宅で過ごす時間を充実したものにしてくれることでしょう。

野菜作りは広いところで作るものなんて決めつけないでください。畑がないと無理だと思うような野菜も、本書を読んでいただければ、プランターやコンテナで栽培することができます。本書では、みなさんに人気のある野菜44種類に絞り込み、ご紹介することといたしました。

みなさんの自宅においても、栽培する環境や条件はさまざまだと思いますが、栽培ができるスペースは、ベランダ、室内、庭などを見渡すと、野菜を育てられる可能性は数多くあるはずです。

本書ではみなさんに楽しんで栽培していただくために、私が日頃から感じているオリジナルの格言5つをご紹介します。

1 「作り手の好きな野菜がうまい味」
2 「美味しさは土に有機と勇気を与える」
3 「暑い夏、人も野菜も同じかな」
4 「話せない野菜の身助け先回り」
5 「故郷(ふるさと)と同じ条件良く育つ」

好きな野菜を作ることで励みとなり、肥料も有機質を取り入れ、暑さ寒さを人が感じれば野菜にもその手立てを講じる。野菜と言葉での会話はできませんが、寒暖差を察知して日陰や日なたに移動すれば、元気に育てられます。野菜の原産地の条件を知り、気候や風土に合った環境を与えてやることで、野菜がよりよく育つようになります。

これからご紹介するプランター、コンテナ栽培は、畑で育てる野菜にも引けを取らない出来栄えと美しさだと自負しています。ベランダで栽培すればリビングから緑を観賞することができ、食事の準備をするときにもキッチンガーデンとして生活の中に欠かせない存在となることでしょう。

本書との出会いがみなさんの生活の励みとなり、日々潤いのある時を過ごすきっかけとなれば幸いです。

加藤　正明

絶品！プランター野菜づくり もくじ

はじめに……2
目次……4

プランター栽培の基本

1 こんなものを揃えよう……6
2 培養土を選ぼう……7
3 タネから育てる……8
4 苗からスタートする……9
5 水やりと肥料……10
6 被覆資材の活用法……11
7 日々の栽培管理……12

野菜別さくいん・この本の使い方……14

LEVEL 1

トレビス、エンダイブ、リーフチコリー……16 ● ニガニガおしゃれサラダ三兄弟

葉ネギ、ニラ、イタリアンパセリ……18 ● さっと使える香味野菜

ロマネスコ……20 ● 幾何学模様の美しさにうっとり

ニンニク、ラッキョウ（エシャレット）……22 ● 食欲をそそるスタミナ野菜

タマネギ……24 ● 2色のコラボでゴージャスに

ミズナ、チンゲンサイ……26 ● サラダにも炒め物にもGOOD！

おいしいプランター野菜づくり 4

LEVEL 2

- レタスミックス …28 🟡 約30日でできるお手軽サラダ
- ショウガ …30 🟡 旬の香りを2度楽しもう
- シュンギク …32 🟡 とれたては香りが違う！
- スイスチャード …34 🟡 カラフルな見た目に釘づけ
- サラダケール …36 🟡 栄養たっぷり青汁の元祖

コラム 一 手軽に楽しむレアな植物① サフラン …38

- サヤエンドウ …40 🟠 オベリスクで作るさやのタワー
- ジャガイモ …42 🟠 土の中からイモがゴロゴロ
- エダマメ …44 🟠 畑以上のおいしさ、甘さ
- サトイモ …46 🟠 土寄せでイモを太らせよう
- 小カブ …48 🟠 つるつるキラキラをめざす
- 小カブ、ナバナ …50 🟠 桃色カブで春の饗宴
- ニンジン …52 🟠 滋養たっぷりの根を自家製で
- ゴーヤー …54 🟠 緑×白の涼しげゴーヤータワー
- インゲン …56 🟠 やわらかいさやが鈴なりに
- 黒キャベツ …58 🟠 イタリア生まれのカーボロネロ
- キュウリ …60 🟠 夏の朝にもぎたてをガブリ！

コラム 一 手軽に楽しむレアな植物② グラパラ・リーフ …62

LEVEL 3

- イチゴ …64 🟢 ストロベリーポットで混植！
- ミニトマト …66 🟢 めざせ！1株から300コ以上
- ゴボウ …68 🟢 収穫ラクラク、袋栽培
- スイカ …70 🟢 ずっしり重い空中スイカ
- ダイコン …72 🟢 間引き菜をたっぷり味わう
- ナス …74 🟢 大株に育てて秋ナスも楽しむ
- ラッカセイ …76 🟢 土の中にさやがもぐる不思議野菜
- 甘長トウガラシ …78 🟢 1株から50コ以上とれてお得！
- ハクサイ …80 🟢 丸く結球する様子は圧巻
- 芽キャベツ …82 🟢 茎に小球がビッシリ！
- トウモロコシ …84 🟢 ジュワッと甘いつぶつぶ野菜

コラム 一 古い土を再利用！ 土のリフレッシュ作業 …86

あなたはどっち派？
庭／ベランダ・屋上で野菜作り …87
- Case.1 "ちょい庭菜園" の作り方 …88
- Case.2 ベランダ・屋上をベジタブルガーデンに …92

5　おいしいプランター野菜づくり

プランター栽培の基本

① こんなものを揃えよう

育てる野菜に合ったプランターを選ぶ

栽培に欠かせないプランターは、サイズ選びが重要です。野菜によって、草丈や株張りが異なるので、株の大きさに合ったプランター選びが肝心。たとえばトマトは草丈が120〜150cm以上、株張りは40〜50cmと1株が大きく育つので、深さが30cm以上の大きめのプランターを選びます。

道具類は必要に応じて使いやすいものを

栽培に使う道具類は、必要に応じて徐々に揃えればOK。移植ゴテ、ジョウロなどの道具類のほか、園芸ハサミ、麻ひもなどは使いやすく、丈夫なものを選びましょう。

道具類

移植ゴテ
長さ約30cmのものが多く、メジャー代わりにも使える。

小クマデ
追肥後などに土の表面を軽く耕すときにあると便利。

グローブ
手のサイズにフィットするものを選ぶとよい。

ラベル
野菜名や品種名、日付などを書いておくと管理しやすい。

麻ひも
茎の誘引のほか、支柱や防虫ネットなどを固定する際に使う。

ジョウロ
ハス口があり、水を入れたときに重すぎないものを選ぶ。

園芸用ハサミ
万能ハサミでもOK。刃の先端が細いものが使いやすい。

プランター選びのコツ

プラスチック製か木製が使いやすい

プランターはさまざまな素材のものが市販されていますが、プラスチック製か木製が比較的軽量で移動しやすく、値段も手頃なのでおすすめ。デザイン性が高く、通気性が高い素焼き鉢（テラコッタ）も野菜作りに適していますが、重量があるため、頻繁に移動する場合は注意が必要です。

安価で入手しやすいプラスチック製。軽量でサイズや形も豊富に揃う。

通気性があり熱がこもりにくい木製。自然素材のため耐久性はやや劣る。

おいしいプランター野菜づくり

② 培養土を選ぼう

市販の野菜用培養土を購入するのが手軽

畑での野菜作りとは異なり、プランターでは限られた土で栽培するため、病害虫などが潜んでいない清潔な土を利用するのが鉄則です。培養土は赤玉土や腐葉土をブレンドして自作することもできますが、市販の野菜用培養土か、花と野菜兼用の培養土を入手するのが手軽です。いずれも肥料の有無を確認し、「元肥入り」などと表示された、肥料入りのものがおすすめです。

袋の表示をチェックして目的に合わせて選ぶ

タネまきや育苗に特化した培養土や、使用後の処理が容易なピートモスやココヤシピートを主原料にした軽くて持ち運びしやすい培養土も出回っています。表示やラベルを確認し、目的や用途に合ったものを選びましょう。

こんな土を選ぼう！

「野菜用」「花と野菜用（兼用）」の培養土を選ぼう

野菜用、花用と用途が分かれているものもありますが、花用でも、野菜作りができると袋の表示にあればOK。袋には、原材料や肥料の有無、pHなどが表示されているのでチェックしましょう。

こんな表示をチェック！

配合の内容を確認 →

元肥入りかどうかを確認 →

花と野菜の培養土	
主な原材料	ココヤシピート、バーミキュライト、鹿沼土、パーライト、堆肥等
肥料の有無	有
pH	弱酸性

↑ 野菜がよく育つ弱酸性（pH6.0〜6.5）に調整済か確認

市販の元肥入り培養土は、自分で複数の用土や土壌改良材をブレンドする必要がなく、そのまま使えるので便利。

袋栽培でプランターいらず

培養土袋は、底の部分に排水穴をあければ、そのままタネまきや植えつけが可能。45ℓ入り培養土袋では、根を長く伸ばすゴボウやダイコン、土中にイモができるジャガイモやサツマイモなどを育てられる。ただし、袋ごと動かすと根が傷むので、支柱などで地面に固定するか、移動する場合はキャスター付きの台などに置いておくとよい。

ゴボウの袋栽培（68ページ参照）。袋ごと動かないよう支柱で固定。

土を入れる際のポイント

A 鉢底ネットを敷く

プランターの排水穴が大きい場合は、土の流出や害虫の侵入を防ぐため鉢底ネットを敷く。

B 鉢底石を入れる

過湿に弱い野菜を育てる場合は、底一面に鉢底石を入れると、水はけがよくなる。

C 途中で水を加える

乾いた培養土は水をはじきやすい。土を入れたらこまめに水を加えて時間を置き、浸透させるとよい。

D 肥料をプラス

育てる野菜によっては、リン酸分※を多く含む「熔リン」を加えると育ちがよくなる。 ※10ページ「肥料」参照。

③ タネから育てる

タネからなら珍しい品種も育てられる

タネから始める野菜には、ホウレンソウやミズナなどの葉菜類、ダイコンやニンジンなどの根菜類があります。これらは移植栽培（育苗して植えつけること）が不向きなので、プランターに直接タネをまきます。一方、初期生育がゆっくりな果菜類や、気温が高い時期にタネまきをする葉菜類は、自分で育苗することも可能。多少手間はかかりますが、苗ではあまり出回らない珍しい品種を育てられる、一度に多くの苗を育てられるなどのメリットがあります。

点まきかすじまきが育てやすくおすすめ

タネのまき方には、下記のような3通りの方法があります。プランター栽培では、間引きや収穫がしやすい点まきか、すじまきがおすすめです。

タネのいろいろ

期限が過ぎたタネは発芽率が落ちるので、入手する際は、タネ袋に記載がある有効期限を必ずチェックしましょう。中には色つきものもありますが、これは病気を防ぐための殺菌消毒や、まきやすくするためのコーティング加工や処理が施されていることを示しています。

形や大きさは野菜によっていろいろ。まく前に観察してみましょう。

キュウリのタネ
平べったい形をしている。

ケールのタネ
小粒で丸い。

ダイコンのタネ
色つきだと目立つのでまきやすい。

エダマメのタネ
粒は大きめ。

タネのまき方

間引きながら育てる葉物野菜はすじまき、広めの株間が必要なダイコンやカブなどは点まきがおすすめです。自分で育苗する場合はポットに複数のタネをまき、発芽後に間引いてよい株を残します。

すじまき
直線状にまき溝を作り、等間隔にタネをまく方法。株の成長に合わせて間引き、株間をあける。間引き菜が多くとれる。

板切れなどを土の表面に押しつけ、まき溝を作る。溝の中にタネをまく。土をかぶせて軽く押さえ、表面をならす。

点まき
まき穴をあけ、そこへ数粒ずつタネをまく方法。最初から間隔をあけてまくので、間引きなどの作業がしやすい。

作る野菜に適した株間をあけ、指でまき穴を作る。まき穴に数粒ずつタネをまく。土をかぶせて押さえ、平らにならす。

ポットまき
移植栽培が可能な野菜は、ポットまきで育苗するのも手。目の届く場所で管理でき、よい苗を選んで育てることができる。

ポットに培養土を詰める。まき穴をあけ、タネを数粒まく。土をかぶせて軽く押さえる。日当たりのよい場所で、植えつけ適期の大きさまで育てる。

おいしいプランター野菜づくり

④ 苗からスタートする

人気の果菜類は苗を購入するのが手軽

育苗期間が60〜80日と長く、2〜3月の寒い時期から育苗を開始するトマトやナスなどの果菜類は、春先に出回る苗を入手するのが手軽。トマトなどの人気品種は、春先の早い時期から店頭に苗が出回っていますが、十分に気温が上がる大型連休の時期を待って入手するほうが、寒さによる失敗のリスクを回避することができます。

葉色や双葉、根を見てよい苗を選ぼう

野菜ごとに植えつけに適した苗の大きさがあり、小さすぎても大きすぎてもうまく育ちません。小さすぎる苗は、大きめのポットに植え替え、適期になるまで育てるのも手です。店頭では、葉や茎の状態をよく観察し、丈夫で元気な苗を選びましょう。

こんな苗を選ぼう

店頭では以下のチェックポイントを参考に苗選びを。双葉が残っている苗は、良好な環境下で育った証です。育ちすぎて葉の一部が黄色くなっている老化苗は、植えつけてもうまく育たないので避けます。

苗を選ぶ際のチェックポイント

☐ 葉の緑色が濃い
☐ 病害虫の被害がない
☐ 節間（葉と葉の間）が短くがっちりしている
☐ ヒョロヒョロと徒長していない
☐ ポットの底穴から白い根が少し見えている

ハクサイの苗。　ゴーヤーの苗。　**NG** 葉の一部が黄色くなった苗。老化苗と思われるので避ける。

タネイモや種球は栽培用のものを選ぶ

野菜の中にはタネや苗だけでなく、タネイモや種球からスタートするものも。いずれも植えつけ後の病気の発生を防ぐため、食用のものではなく、栽培用として市販されているものを入手しましょう。

ショウガの根茎（タネショウガ）　ジャガイモのタネイモ

ニンニクの種球（左）ラッキョウの種球（右）

苗の植えつけ方法

1 植え穴をあける
移植ゴテなどでポットと同じくらいの大きさの植え穴を掘る。

2 苗を取り出す
ポットから苗を出す際は、根を崩さないようそっと取り扱う。

3 苗を植え付ける
植え穴に根鉢を入れる。その際、根鉢と土の表面の高さを揃える。

4 手で押さえる
根鉢の周囲にすき間があると活着しづらいので軽く押さえて密着させる。水やりも忘れずに。

5 水やりと肥料

水やりの基本は乾いたらたっぷり

水やりの基本は、土の表面が乾いたらたっぷり与えること。水やりには、水分を補給する以外にも、土の中の雑菌を洗い流し、根に酸素を供給する役割があるため、プランターの底穴から流れ出るくらい与えます。ただし、土が常に湿っていると根が呼吸できず、根腐れを起こすことがあるので、プランターを片手で少し持ち上げて重さを確認し、軽く感じられたら与えます。

肥料は適量を守り与えすぎに注意

肥料の種類には主に固形と液体があり、プランター栽培では基本的にどちらでもOK。与えすぎは根を傷める原因になるので、パッケージの表示にある量と回数を必ず確認して、必要量を与えるようにします。

水やりのコツ

水やりは、乾湿のメリハリをつけることが大事。土壌中の水分が多いと根が長く伸びません。根が水分を求めて伸び、株も大きく育つので、土が乾いてからたっぷり与えるのが基本です。

正しい水やりのポイント

- □水やりをしたプランターを手で持って重さを覚えておく。軽くなっていたらプランターの底から水が流れ出るくらい与える。
- □夏の猛暑時は、朝の涼しいうちにたっぷり与え、夕方にもう一度与える。
- □冬は、気温が上がる10〜11時ごろに与える。土が凍るので夕方の水やりはNG。
- □水やりは、常に新鮮な水道水を使用する。ジョウロ内にためたまま数日たった水は、病害虫の原因になるので使用を避ける。
- □受け皿にたまった水は、根腐れの原因になるので、こまめに捨てる。

肥料の種類

肥料の三要素

肥料などに表示されている「8-8-8」などの数字は、植物の大切な栄養素であるチッ素（N）、リン酸（P）、カリ（K）の含有量を示す。野菜作りでは、三要素の割合が等しい肥料のほか、育てる野菜に特化した専用の肥料が使いやすい。

Nチッ素
葉、茎、根の成長を促す。

Pリン酸
葉、茎、根の成長を促し、花つきや実つきをよくする。

Kカリ
根の成長を促し、環境変化への適応性、病害虫に対する抵抗力を高める。

液体タイプ

水で希釈し、水やりを兼ねて与える。固形肥料より効き目が早く、葉面散布できるタイプもある。

固形タイプ

粉状や錠剤の肥料。水やりで肥料分が溶け、根から吸収される。手軽にまくことができ、与える回数が少なくて済む。

6 被覆資材の活用法

害虫の侵入を防ぐ防虫ネットを活用

被覆資材とは、作物を寒さや害虫などから守る資材のこと。プランター栽培では「防虫ネット」と「不織布」がおすすめで、プランターの上にかぶせたり、支柱で骨組みを作り、その上からかぶせて使用します。

害虫の被害を防ぐには、通気性があり、光をよく通す防虫ネットの活用が有効です。被害の多いアブラムシ類の侵入を防ぐには、0.8mm以下のネットを選ぶとよいでしょう。

やわらかい不織布は保湿や保温に向く

軽くてふんわりとした不織布は、防虫ネットよりも通気性や透光性が劣りますが、その分、乾燥や寒さ対策に威力を発揮します。タネまき後の乾燥防止のほか、虫よけ、鳥よけとしても重宝します。

不織布

多種素材の繊維を織らずに絡み合わせたもの。マスクなどさまざまな用途に使われます。主な用途は保湿や保温で、質感がやわらかく、作物に直接かぶせることも。

1 適当な大きさに切る
タネまき後、プランターに合わせて不織布を適当な大きさに切る。

2 プランターにかぶせる
表面がすっぽり隠れるようにかぶせる。

3 ひもで固定する
風で飛ばされないよう、麻ひもなどでしっかり固定する。水やりは不織布の上からでも行える。

防虫ネット

細かい網目で害虫の侵入を防止するネット。太陽光を約90%通し、かぶせたまま水やりも可能。防虫効果を高めるには、植えつけやタネまきの直後にかけるのがコツ。

1 アーチ支柱を立てる
アーチ状の支柱を2本、クロスさせて立てる。

2 防虫ネットをかける
ネットを支柱の上からかぶせる。すその余った部分は結んでおく。

3 ひもで固定する
すその部分を麻ひもなどですき間のないように固定し、ピンと張る。

便利アイテムで手軽に防寒

冬のプランター栽培で活躍する、こんなアイテムも。寒さのレベルに応じて使い分けましょう。

簡易タイプの温室
手軽に組み立て可能な簡易温室。日当たりのよい場所に置けば、寒さ対策に効果的。開閉可能な窓があり、換気もできる。

ホットキャップ
寒さや風から幼苗を守るドーム状のキャップ。プランターの作物の上にかぶせれば、手軽に防寒できる。

あると便利！

U字に曲がったアーチ支柱。被覆資材をトンネル状にかける際にあると便利。

7 日々の栽培管理

日当たりと風通しを確保するのが大前提

おいしい野菜を収穫できるかどうかは、栽培管理のよしあしが大きく影響します。まずは置き場所のチェック。多くの野菜は日光を好むので、日当たりや風通しのよい場所に置くことが大切です。さらに株の生育ステージに合わせ、必要なお世話をタイミングよく行うことが重要です。

根に酸素を送るイメージを持つ

限られた容量の土で育てるため、株が混み合わないよう間引きや誘引などを行って、茎や葉の間隔をあけます。水やりによって土の表面がかたくなると根に酸素が供給されにくいので、中耕をしてほぐします。とりごろが到来したら、早めの収穫を。野菜の気持ちになって栽培管理をすることが、大収穫への近道です。

土寄せ

株がぐらつかないよう、株元に土を寄せる。株元をしっかり立たせることによって根張りや地上部の生育がよくなる。間引きのあとは株が不安定なので、必ずセットで行う。

スイスチャードの土寄せ。

間引き

複数ある株のうち、丈夫なものを残して引き抜く。形の悪いもの、徒長したものなどを優先的に間引く。葉が触れ合わない程度の間隔になるよう、2～3回に分けて行うのが一般的。同じくらいの大きさの株を残すと、その後の生育が揃い管理がしやすい。

ダイコンの間引き。

増し土

栽培途中で新しい培養土を追加し、株の生育を促す。土の中にイモができるジャガイモやサトイモ、土のさやができるラッカセイなどは、生育途中に増し土をすることでイモやさやをより太らせることができる。水やりなどで減った土を補う役目もある。

ジャガイモの増し土。

誘引

伸びた茎やつるが折れたり、倒れたりしないように支柱に結びつける。麻ひもを茎にかけ、8の字状に3～4回ねじってから支柱に結びつける。支柱にはきつく結び、茎は成長を見越してゆとりを持たせるイメージで行うとよい。

エンドウの誘引。

中耕

小クマデや竹串などで土をほぐし、やわらかくする。土の表面がかたくなったり、雑草やコケが生えたりするのを防ぐ。水が浸透しやすくなり、根に酸素が送られやすくなる。

甘長トウガラシの中耕。追肥後の中耕は、肥料を分解させ浸透しやすくさせる効果も。

追肥

水やりで土中の肥料分が流れ出るので、肥料切れを起こさないよう、生育に必要な肥料分を途中で補う。固形の肥料を土の上にまくか、液体肥料を水やりを兼ねて与える。野菜によって肥料を必要とする時期が異なるので、適切なタイミングで与える。固形肥料は土とよく混ぜ、肥料分を溶け出しやすくするのがポイント。

タマネギの追肥。

おいしいプランター野菜づくり　12

摘心

つるや枝の先端を切り、成長を止めたり、わき芽の発生を促したりする。主にキュウリやスイカなどのつる性野菜などで行う。ベランダや屋上などスペースが限られた場所では、早めに摘心することで草丈をコンパクトに抑えることができ、強風による倒伏を防ぐことができる。

キュウリの摘心。支柱の上まで伸びたつるを切って成長を止め、わき芽の発生を促す。

支柱立て

株が倒れないよう固定するために立てる。植えつけ直後は「仮支柱」を立て、根の活着を促す。成長が進んで草丈が高くなったら、より長い「本支柱」を立てる。いずれも土に深くしっかりさし、強風などで株ごと倒れないようにする。

仮支柱

スイカの仮支柱。短くて細い支柱1本をまっすぐにさし、ひもで誘引してもよいが、写真のように竹ひご2本をクロスさせて立てれば誘引も不要。

人工授粉

人工的に授粉させて、確実に実をつけさせる作業。自然界では通常、授粉はハチなどの昆虫が行うが、気温が低かったり、高層階のベランダなど昆虫が少ない環境では必須。

スイカの人工授粉。雄花を摘み取り、花粉を雌しべにつける。この作業は午前9時ごろまでに行う。

イチゴの人工授粉。筆などで花をやさしくなで、花粉を雌しべにつける。

本支柱

2 計3本の支柱を立てる。上部はひもでしっかりと結束する。つる性野菜はあんどん状のオベリスク支柱を利用する方法もある(p60のキュウリ、p70のスイカなどを参照)。

1 ゴーヤーの支柱立て。つるが旺盛に伸びるので、長め(180～240cm)の支柱を用意する。約30cmほど土中に深くさし込む。

収穫

野菜の多くはとりごろが短いので、適期を見極めてタイミングよく収穫する。果菜類はハサミを使って実を傷つけないよう収穫する。根菜類は株ごと引き抜く。葉菜類(写真)は、株ごと引き抜く方法とハサミで切る方法、外葉を1枚ずつ収穫する方法がある。

葉を1枚ずつ収穫

レタスのかき取り収穫。外葉を1枚ずつ収穫。

株ごと収穫

スイスチャードの収穫。株ごと引き抜いたあと、根をハサミで切る(写真左)。株元にハサミを入れて切ってもよい(写真右)。

index 野菜別さくいん（50音順）

あ
- イタリアンパセリ …… 18
- イチゴ …… 64
- インゲン …… 56
- エダマメ …… 44
- エンダイブ …… 16

か
- キュウリ …… 60
- グラパラ・リーフ …… 62
- 黒キャベツ …… 58
- ゴーヤー …… 54
- ゴボウ …… 68
- 小カブ …… 48、50

さ
- サトイモ …… 46
- サフラン …… 38
- サヤエンドウ …… 40
- サラダケール …… 36
- ジャガイモ …… 42
- シュンギク …… 32
- ショウガ …… 30
- スイカ …… 70
- スイスチャード …… 34

た
- ダイコン …… 72
- タマネギ …… 24
- チンゲンサイ …… 26
- トウガラシ（甘長）…… 78
- トウモロコシ …… 84
- トマト（ミニ）…… 66
- トレビス …… 16

な
- ナス …… 74
- ナバナ …… 50
- ニラ …… 18
- ニンジン …… 52
- ニンニク …… 22

は
- ハクサイ …… 80
- 葉ネギ …… 18
- ミズナ …… 26

ま
- 芽キャベツ …… 82

ら
- ラッカセイ …… 76
- ラッキョウ …… 22
- リーフチコリー …… 16
- レタス（ミックス）…… 28
- ロマネスコ …… 20

この本の使い方

9 プロセス
栽培の手順を詳しく解説。

10 ココに技アリ！
上手に育てる加藤流のコツを伝授。

1 栽培カレンダー
関東以西の中間地を基準とした目安。
※地域や品種により変動があるのでご注意ください。

2 栽培難易度
LEVEL 1～3の3段階。数が増えるほど難易度がアップ。

3 科／漢字表記
科名と漢字表記の一例。

4 DATA
株の大きさ、推奨するプランターのサイズと容量（用意する培養土の目安）を掲載。

6 水やり
水やりのポイントを紹介。

7 日照条件
野菜ごとの日照特性。

8 置き場所
置き場所に関するポイント。

5 レシピ
野菜が主役のお手軽レシピアイディア。献立のヒントに。

おいしいプランター野菜づくり　14

LEVEL 1

初級編

初心者の方でも失敗が少ない、生育期間が短い葉もの野菜、植えっぱなしでもOKのお手軽野菜を集めました。育てて楽しい、食べておいしい、感動の体験が待っています。

	1月	2月	3月	4月	5月	6月	7月	8月	9月	10月	11月	12月
春植え			植えつけ		収穫							
秋植え							植えつけ		収穫			

CALENDAR

LEVEL

トレビス
エンダイブ
リーフチコリー

彩りが鮮やかなイタリアの人気野菜。市販の苗を植えつければ、約2か月で収穫できます。

キク科
菊苦菜 / 菊萵苣

葉色の違う株をミックスして菜園に彩りをプラス

チコリーといえば紡錘形の軟白チコリーがよく知られていますが、プランターで育てるなら葉を食べるリーフチコリー、レタスのように結球するトレビス、葉が縮れたエンダイブをミックスして植えれば彩りも鮮やか。どれもレタスよりやや苦みがあり、クセになる味わいで、サラダの彩りや加熱調理にも向きます。

DATA

●栽培DATA
草丈　　25～30cm
株張り　30～35cm

●プランター［容量25ℓ以上］
幅　　60～65cm／奥行き　20～25cm
深さ　20～25cm

乾いたらたっぷり

日当たり～半日陰

真夏の直射日光を避ける

とれたてを味わう
大人のシーザーサラダ

食べやすい大きさにちぎった葉をシーザードレッシングであえて。独特の苦みをシンプルに味わう、大人向けのサラダです。

おいしいプランター野菜づくり　16

1 植えつけ

プランターに培養土を入れ、ジョウロで水をかける。

ココに技アリ！

土を湿らせてから植えつけよう

乾いた土は、水が浸透しにくい。植えつけの前にジョウロで水を与え、土をしっかりと湿らせておくと植えつけ後の生育がスムーズになる。

15〜20cmの間隔をあけて苗を並べ、植える位置を決めて植え穴をあける。

苗をポットから取り出し、根をくずさないように植えつける。最後に再度水やりをする。

2 日々の手入れ

植えつけから3週間ほどたったら追肥のタイミング。

プランター当たり約20gの化成肥料をまき、小クマデなどで土とよく混ぜ合わせる。追肥はこの1回のみでOK。水切れすると成長が遅れるので、表面が乾いたらたっぷり水を与える。

ポイント！

枯れ葉や黄色くなった葉を放置すると病気の原因に。見つけ次第取り除こう。

3 収穫

リーフチコリーは株が大きくなったら収穫可能。必要な分だけ葉を1枚ずつかき取るか、株ごとハサミで収穫する。

エンダイブは葉が密になってきたら、外側の葉からハサミで切って収穫する。

結球するトレビスは、球の上部を押してかたくなっていたら収穫する。いずれも霜が降りると寒さで葉が傷むので、秋植えは12月上旬までに収穫を済ませる。収穫した葉はサラダのほか、肉や魚料理に添えても。

	1月	2月	3月	4月	5月	6月	7月	8月	9月	10月	11月	12月
春植え			■	■								
植えつけ（春）			■	■	■							
収穫（春）					■	■	■					
秋植え								■	■			
植えつけ（秋）								■	■	■		
収穫（秋）	■	■								■	■	■

CALENDAR

LEVEL

葉ネギ　ニラ　イタリアンパセリ

日々の食卓で重宝する香味野菜。さっと使えるように、一つにまとめました。

ヒガンバナ科
葉葱（葉ネギ）　韮（ニラ）
セリ科
和蘭芹（パセリ）

地上部を残して収穫し　やわらかい葉の再生を促す

香味野菜をプランターで育てておけば、必要なときにすぐ摘み取れるので便利。新鮮な葉は香りもよく、食欲をそそります。葉ネギやニラは、地上部を2〜3cm残して収穫します。すると葉が再生し、繰り返し収穫可能。イタリアンパセリも成長点を残しておけば、次々と葉が出てくるので一鉢で長く収穫を楽しめます。

DATA

● 栽培DATA
　草丈　　25〜40cm
　株張り　15〜20cm
● プランター［容量15ℓ以上］
　直径　30〜35cm
　深さ　20〜25cm

水のやりすぎに注意

日当たり〜半日陰

夏の直射日光を避ける

とれたてを味わう
香味野菜の生春巻

ライスペーパーに摘みたての葉をのせて巻き、スイートチリソースでいただきます。好みでエビや生ハムなどを添えても。

おいしいプランター野菜づくり　18

3 追肥

植えつけの3週間後、プランター当たり約15gの化成肥料を追肥して、小クマデで土とよく混ぜる。以後、2週間おきに同様に追肥をする。

2 日々の手入れ

植えつけ後、枯れ葉を見つけたらこまめに取り除いて病気を防ぐ。

1 植えつけ

ニラ、葉ネギ、イタリアンパセリの苗を用意する。株同士の間隔を15cmほどあけ、植え穴をあける。

根をくずさないようにポットから苗を取り出し、植えつける。

4 収穫

葉ネギ、ニラの収穫は、地上部を2〜3cm残してハサミで切る。どちらも生育が進むと密植になりやすいので、葉の数が増えすぎたら、根ごと掘り上げて株分けするとよい。

イタリアンパセリは、必要なときにそのつどハサミで切って収穫する。中心部の葉を常に10枚程度残しておくと長期間収穫できる。

ココに技アリ！

葉ネギ、ニラは捨て刈りをする

最初の葉は、細くて先端が枯れていることがあるので、初回は収穫を兼ねて葉を刈り取る（捨て刈り）。地上部を2〜3cm残してハサミでバッサリと切り、次に出てくるやわらかい葉をメインに収穫する。

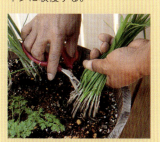

ニラの捨て刈り。

葉ネギの捨て刈り。

植えつけ完了。最後にたっぷり水を与える。

| 1月 | 2月 | 3月 | 4月 | 5月 | 6月 | 7月 | 8月 | 9月 | 10月 | 11月 | 12月 | CALENDAR |

植えつけ ／ 収穫

ロマネスコ

珊瑚のような形をした不思議なカリフラワー。独特の美しさがあり、育てる楽しみも倍増！

アブラナ科
珊瑚花椰菜

クセがなく、加熱すると甘い！
見た目もゴージャスな西洋野菜

サンゴのような形をしたカリフラワーの仲間で、先のとがった小さな花蕾が密集した野菜です。生育すると葉が大きく広がるので、直径30〜35cmのプランターに1株植えます。立派な花蕾を収穫するには、葉を大きく育てて光合成を促し、養分を花蕾に集中させること。2回の追肥を行って、葉を旺盛に育てましょう。

DATA

● 栽培DATA
 草丈　　30〜40cm
 株張り　40〜50cm

● プランター ［容量25ℓ以上］
 直径　約30〜35cm
 深さ　約30〜35cm

乾いたらたっぷり

日当たりを好む

強風が当たらない場所

とれたてを味わう
カレーマヨ和え

食べやすい大きさに切ってゆで、カレー粉を加えたマヨネーズで和えて。ニンニクやチリペッパーで風味をつけても美味。

おいしいプランター野菜づくり　20

ココに技アリ！

葉を旺盛に育てて大きな花蕾を狙おう

立派な花蕾を育てるには、外葉を大きく育てることがポイント。2回の追肥で葉や茎の生育を促し、がっちりした株に育てよう。

外葉が大きいほど花蕾が大きく育つ。

収穫 3

花蕾が直径13〜15cmになったら、葉を数枚つけて切り取る。

収穫したロマネスコ。じっくり育った花蕾は、重みもずっしり。

追肥 2

1回目

植えつけから約2週間後、根がしっかり張って葉が大きくなってきたら1回目の追肥のタイミング。化成肥料約15gを株元に追肥する。

ポイント！

追肥後、肥料と土を混ぜ合わせるように小クマデなどで表面を軽く耕す。表面をやわらかくすると水や酸素が浸透しやすくなり、根の生育がよくなる。

2回目

植えつけから40〜50日後、株の中央に小さい花蕾が見えてきたら、1回目と同様に追肥をする。枯れた下葉があれば取り除き、病気を予防する。

植えつけ 1

直径30〜35cm、深さ30〜35cm程度のプランターに鉢底石と培養土を入れる。本葉4〜5枚の苗を用意する。

中央に植え穴をあけ、ポットから苗を取り出して植えつける。やや深めに植えて、ぐらつかないように土を株元に寄せる。

植えつけ完了。底穴から水が出るくらいたっぷり水やりをする。

	1月	2月	3月	4月	5月	6月	7月	8月	9月	10月	11月	12月
ラッキョウ（エシャレット）			収穫						植えつけ			
ニンニク				収穫					植えつけ			

CALENDAR

LEVEL

ニンニク ラッキョウ（エシャレット）

独特の香りが食欲をそそるスタミナ野菜コンビ。植えっぱなしで育つから初心者には特におすすめ！

ヒガンバナ科
大蒜（ニンニク）辣韭（ラッキョウ）

種球と呼ばれる鱗片（りんぺん）を植えつけ じっくり根を張らせて育てる

どちらも「種球」と呼ばれる鱗片から栽培をスタートします。病気を防ぐため、食用ではなく栽培用の種球を用意します。立派なサイズのものを収穫するには、株間をしっかりあけて根を張らせるスペースを確保するのがポイント。栽培期間が長いので、年内に1回、翌年の2月と3月に追肥をして、株の充実をはかります。

DATA

●栽培DATA
ニンニク：草丈 50～60cm　株張り 30～40cm
ラッキョウ：草丈 20～30cm　株張り 30～40cm

●プランター［容量 30ℓ以上］
　幅　　55～65cm／奥行き　20～25cm
　深さ　25～30cm

与えすぎに注意

日当たりを好む

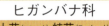
風通しのよい場所

とれたてを味わう
かんたん甘酢漬け

皮をむいて消毒した保存瓶に入れ、らっきょう酢を加えて甘酢漬けに。酢はドレッシングや餃子のタレにするとおいしい♪

おいしいプランター野菜づくり　22

植えつけ 1

ニンニク

ラッキョウ

種球は1片ずつに分け、外側のカサカサした皮を取り除く。内側の薄皮はそのままでOK。

ニンニク
ラッキョウ

列の間隔を10cm程度あけ、ニンニクを15〜20cm間隔、ラッキョウを約10cm間隔で植えつける。種球は細い先端を上にして、3〜4cmくらいの深さで土に押し込む。

ハス口をつけたジョウロで水やりをする。このあと芽が出るまでは水やりはできるだけ控える。

追肥、中耕 2

追肥 1回目

植えつけの4〜5週間後、草丈が伸びてきたらプランター当たり化成肥料約15gを追肥し、軽く土と混ぜる。

ポイント！ 冬越し中、土がカラカラに乾いていたら水やりをしよう。

追肥 2回目以降

翌年2月と3月、1回目と同様に追肥する。

ココに技アリ！
ニンニクの花芽を元から摘み取る

5月中旬ごろ、ニンニクの花芽が伸びてきたら、つけ根から切り取って株の充実をはかろう。この花芽は、「ニンニクの芽」としておいしく食べられる。

ニンニクの花芽。

収穫 3

■エシャレットの収穫
4月ごろ、ラッキョウ（エシャレット）が収穫できる。移植ゴテで土を掘り上げ、株ごと引き抜く。ラッキョウとしての収穫を楽しむ場合は、すべてを収穫せずに残しておく。

■ニンニクの収穫
5〜6月ごろ、葉の一部が黄色く枯れてきたら、引き抜いて収穫する。すぐに食べない場合は、ひもで束ねて風通しのよい場所に吊るして貯蔵する。

■ラッキョウの収穫

葉が枯れてきたら、手で引き抜いて収穫する。明るい常温下に置いておくと根や芽が出てくるので、新聞紙にくるんで冷蔵庫に入れるか、甘酢漬けなどにして保存する。

| 1月 | 2月 | 3月 | 4月 | 5月 | 6月 | 7月 | 8月 | 9月 | 10月 | 11月 | 12月 | CALENDAR |

収穫：4〜6月
植えつけ：9〜11月

タマネギ

赤色と黄色タマネギの2色のコラボレーション。冬の間にじっくり育ち、滋養をたっぷり蓄えます！

ヒガンバナ科
玉葱

とう立ちや冬枯れを防ぐには太さ5〜7mmの苗選びが重要

10〜11月、市販の苗を入手します。苗は太すぎると翌春とう立ちしやすく、細すぎると寒さで弱りやすいので、太さ5〜7mmのものを選びます。冬越し中は、土がカラカラに乾いたら水やりを行い、枯れ葉を取り除きます。翌春、茎葉が成長する前にタイミングよく追肥をすれば、5〜6月、大きな玉が収穫できます。

DATA

● 栽培DATA
 草丈　　40〜50cm
 株張り　15〜20cm
● プランター［容量50ℓ以上］
 直径　約40〜45cm
 深さ　約40〜45cm

乾いたらたっぷり。
冬の水切れに注意

しっかり当てて
育てる

屋外に置いて
冬の寒さに当てる

とれたてを味わう
タマネギのしらす和え

薄切りにしたタマネギにしらす、ごま油を加えて和え、温泉卵をのせたら完成。しらすの塩けとタマネギの甘みが好相性。

おいしいプランター野菜づくり　24

1 苗の準備

ポットなどで出回っている苗を用意する。根元の太さが5〜7mm（鉛筆の太さくらい）のものを選ぶと失敗が少ない。

2 植えつけ

ココに技アリ！

リン酸分をプラス

培養土に熔リン（7ページ参照）を10〜15gまいておくとタマネギの肥大に効果大。リン酸は肥効が出るまでに時間がかかるので植えつけ前に施す。

12〜15cm間隔で、深さ2〜3cmの植え穴を7か所あける。

穴に苗を差し込み、株元を強めに押さえて根と土を密着させる。このとき葉の分かれ目を埋めない（深植えしすぎない）ように注意する。

植えつけ後、ジョウロでたっぷり水をやり、土を落ち着かせる。

植えつけ例

交互に植えると見た目もキレイ！

● = 赤タマネギ
● = 黄タマネギ

3 追肥、水やり

追肥1回目

12月に1回、プランター当たり約15gの化成肥料を追肥し、土とよく混ぜる。土が乾いていたら水やりを行い、枯れ葉があれば取り除く。

追肥2回目以降

翌年2月下旬と3月下旬、1回目と同様に追肥をして軽く中耕する。水やり、枯れ葉取りも適宜行う。

4 収穫

5〜6月、葉のつけ根が倒れてきたころが収穫の適期。

葉のつけ根を持ち、引き抜いて収穫する。

収穫後は、冷蔵庫に入れるか、ひもなどで束ねて軒下などに吊るし、日陰で貯蔵する。

25　おいしいプランター野菜づくり

タネまき 収穫
春まき
夏まきタネまき 収穫

| 1月 | 2月 | 3月 | 4月 | 5月 | 6月 | 7月 | 8月 | 9月 | 10月 | 11月 | 12月 | CALENDAR |

LEVEL

ミズナ チンゲンサイ

鍋物や中華の材料に重宝する2種類の青菜をダブルで栽培！密植ぎみに育てれば、やわらかな食感を楽しめます。

アブラナ科
青梗菜（チンゲンサイ）水菜（ミズナ）

列ごとに分けてタネをまき 2種類の青菜を栽培

アブラナ科のミズナとチンゲンサイは、どちらもタネまきから40〜50日で収穫でき、一つのプランターで同時に育てるにはおすすめの組み合わせです。チンゲンサイは成長するにつれて株元が肥大してくるので、10cmくらいの株間を確保し、ミズナはやわらかい葉を収穫するため、約5cmの株間で密植ぎみに育てます。

DATA

● 栽培DATA
ミズナ：草丈 20〜25cm ／ 株張り 30〜35cm
チンゲンサイ：草丈 15〜20cm ／ 株張り 8〜15cm
● プランター ［容量25ℓ以上］
　幅　　60〜65cm／奥行き　20〜25cm
　深さ　20〜25cm

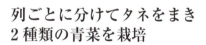

とれたてを味わう
中華風卵スープ

卵に塩少々を加えて混ぜ、熱したフライパンで焼きます。水と野菜、中華スープの素を入れて3分ほど煮たら出来上がり。

乾いたらたっぷり

日当たりを好む

風通しのよい場所

おいしいプランター野菜づくり　26

3 追肥、土寄せ

間引き後から2週間おきに、プランター当たり約10gの化成肥料を追肥する（写真は2回目）。追肥のあと、土の表面を軽く耕しておく。

4 収穫

チンゲンサイは草丈10〜15cmになったら引き抜いて収穫する（写真）。ミズナは草丈20cmになったら、地際をハサミで切る。

■ チンゲンサイ

とり遅れると葉がかたくなるので、早めの収穫を心がける。

■ ミズナ

株元を3cmほど残して収穫してもよい。葉が再生して再度収穫できる。

害虫に葉を食べられないように、タネまき直後にトンネル支柱を立て、防虫ネットをかぶせる。風で飛ばされないよう、すそを麻ひもなどで固定する。

2 間引き

■ ミズナの間引き

本葉2〜3枚のころ、1か所につき3株を残して間引く。

■ チンゲンサイの間引き

本葉2〜3枚のころ、1か所につき1株を残して間引く。

---

1 タネまき

2列のまき穴を作る。ミズナ（左列）は約5cm、チンゲンサイ（右列）は約10cm間隔で、深さ約1cmのまき穴をあける。列同士の間隔は10cm程度あける。

それぞれのまき穴に4〜5粒ずつタネをまく。土をかぶせて軽く押さえ、たっぷり水をやる。

ココに技アリ！

育ち方が異なるので列を分けて育てる

一つのプランターで複数の野菜を育てる場合、列ごとにタネをまき分けると育てやすい。成長後の株張りを見越してミズナは約5cm、チンゲンサイは約10cmと株間を変え、日当たりや風通しをよくする。

ミズナ	約5cm
チンゲンサイ	約10cm

タネまき												
収穫												
1月	2月	3月	4月	5月	6月	7月	8月	9月	10月	11月	12月	CALENDAR

LEVEL

レタスミックス

約30日でできる、やわらかいベビーリーフのお手軽野菜。ほぼ周年タネまきできるので、いつでも新鮮な葉が楽しめます。

キク科
萵苣

タネを点まきにすれば間引きの手間が半減！

リーフレタスやサラダ菜、ロメインレタスなど複数のレタスが混ざったレタスミックスを利用すれば、10〜15cmのやわらかいベビーリーフが約30日で収穫できます。バラまきもできますが、まき穴を5〜6cm間隔で複数あけ、点まきにするのがおすすめ。間引き作業が1回で済み、日当たりや風通しがよくなり丈夫に育ちます。

DATA

● 栽培DATA
 草丈　　10〜15cm
 株張り　4〜6cm
● プランター［容量15ℓ以上］
 幅　　約40cm／奥行き　約20cm
 深さ　約20cm

過湿に注意。発芽後は乾かしぎみに

やや弱い光でも育つ

真夏は直射日光を避け、涼しい場所に

とれたてを味わう
たっぷり粉チーズサラダ

ボウルに野菜を入れ、パルメザンチーズをたっぷりかけます。オリーブオイルを回しかけ、軽く混ぜ合わせていただきます。

おいしいプランター野菜づくり

タネまき 1

タネまき前に培養土を湿らせておくと発芽がそろいやすい。指先で株間、列間ともに5～6cm間隔、深さ0.5cmの浅めのまき穴を3列あける。レタスは発芽に光が必要（好光性種子）なので、まき穴は浅めに。

1穴に、10粒ほどのタネをまく。

ポイント！

指先を湿らせ、タネをくっつけるとまきやすい。

かける土が厚くならないよう、ふるいで土をかける。表面を軽く押さえ、ハス口をつけたジョウロで水やりする。最後に防虫ネットをかぶせる（11ページ参照）。

間引き 2

発芽がそろい、草丈3～4cmになったら間引きのタイミング。

1か所につき、2～3株を残して間引く。残す株の根を傷めないようハサミで切るとよい。

追肥、中耕 3

葉の成長を促すため、間引き後から2週間おきに、約15gの化成肥料をまく。肥料と土がよく混ざるように、小クマデなどで土の表面を軽く耕す。

収穫 4

草丈が10～15cmになったら、よく育ったものからハサミで株元を切って収穫する。

根を切って水洗いするだけで、新鮮なサラダに。

ココに技アリ！

長く収穫を楽しもう

収穫後、追肥をすれば、残した株が再び成長し、くり返し収穫を楽しめる。最後は4～5株だけ残し、大株に育てる方法も。外葉を必要な分だけ1枚ずつかき取れば、さらに長く収穫を楽しめる。

CALENDAR

	1月	2月	3月	4月	5月	6月	7月	8月	9月	10月	11月	12月
植えつけ				■								
収穫 葉ショウガ							■	■				
収穫 根ショウガ										■	■	

LEVEL

ショウガ

幅広い調理に利用される南アジア原産の香味野菜。葉ショウガや根ショウガなど、季節ごとの旬を味わえます。

ショウガ科
生姜

タネショウガを土に埋め込み水切れしないように育てよう

栽培はタネショウガからスタート。大きさによって大中小のショウガがあるので、食べる用途に合わせてタネショウガの品種を選びましょう。植えつけは、気温が上がる4月以降に行います。根ショウガの収穫は10月以降ですが、新芽が出そろった7月からは、みずみずしい葉ショウガの収穫も楽しめます。

DATA

- ●栽培DATA
  - 草丈　　30〜40cm
  - 株張り　20〜30cm
- ●プランター［容量50ℓ以上］
  - 直径　　40〜50cm
  - 深さ　　45〜45cm

乾燥に弱い。
水切れに注意

日当たり〜半日陰

夏は明るい半日陰に移動する

とれたてを味わう

しょうが味噌

味噌にショウガのすりおろし、はちみつ、すりごまを入れて混ぜます。田楽や鍋物、バーベキューの調味料としても活躍♪

おいしいプランター野菜づくり　30

タネショウガの準備 1

植えつけの数日前、タネショウガを1片7〜8cmの大きさに割り、切り口を乾かしておく。さらに芽出しをしておくと発芽が早い。

植えつけ 2

15〜20cmの間隔をあけ、深さ約10cmの植え穴を3か所あける。

芽の部分（突起が多くあるほう）を上にして、穴の中にタネショウガを押し込む。土をかぶせ、たっぷり水を与える。

追肥、水やり 3

草丈15〜20cmのころ、プランター当たり約10gの化成肥料を追肥する。表面を軽く耕し、水を与える。

ココに技アリ！
水切れに注意しよう

ショウガは乾燥に弱く、水が切れると根が太らない。高温で乾きやすい夏はこまめに水やりを行う。さらに乾燥防止のため、土の表面にウッドチップやもみ殻などを敷いてマルチングするとよい。

葉ショウガの収穫 4

6月中旬〜9月下旬、1株から茎が4〜5本以上出そろったら、葉ショウガが収穫できる。

つけ根を手で持って引き抜く。根ショウガの収穫量が減るので、葉ショウガの収穫は株の一部を折り取るか、間引く程度にする。

根ショウガの収穫 5

10月以降、茎葉の一部が黄色く枯れたら収穫の適期。

つけ根を手で持ち、引き抜いて収穫する。

水を張ったバケツなどで土を洗い落とす。

CALENDAR

1月	2月	3月	4月	5月	6月	7月	8月	9月	10月	11月	12月
		春まき			収穫		秋まき		収穫		
		タネまき					タネまき				

LEVEL

シュンギク

香り高い葉は少しあるだけで料理のおいしさが一段とアップ。中葉種やサラダ用品種を選べば独特の風味をサラダでも味わえます。

キク科
春菊

草丈20〜25cmに成長したら摘心をしてわき芽を増やす

葉の大きさや切れ込みにより、小葉、中葉、大葉の品種があります。やわらかくて香りもマイルドな中葉種、サラダ向きのスティックシュンギクなどがおすすめです。成長に応じて2回ほど間引き、草丈20〜25cmで先端を摘心するのが大収穫のコツ。冬は霜に当たらないよう防寒し、春は花芽が伸びたら早めに摘み取ります。

DATA

●栽培DATA
　草丈　　15〜20cm
　株張り　10〜15cm
●プランター［容量20ℓ以上］
　直径　30〜35cm
　深さ　30〜35cm

発芽まではこまめに。
発芽後は過湿に注意

日当たりを好む

冬は霜の当たらない
場所

とれたてを味わう
くるみ和えサラダ

包丁で刻んだ素焼きくるみとガムシロップ、醤油を混ぜます。手でちぎった生のシュンギクを入れ、和えたらできあがり。

おいしいプランター野菜づくり　32

ココに技アリ！

保温して長く楽しむ

シュンギクは寒さに弱く、霜に当たると葉が黒く傷んでしまうことも。収穫時期が11月後半になる場合、プランターの上から保温資材（ホットキャップなど）をかぶせて霜よけ、防寒をすると、寒い冬でも長く収穫を楽しめる。

収穫 5

わき芽が15cm以上に伸びたらハサミで切って収穫する。

収穫したシュンギク。小さめで収穫したほうがやわらかくて美味。

追肥、中耕 3

2回目の間引き後、約12gの化成肥料をパラパラとまく。

追肥後、小クマデなどで表面をよく耕す。土中に酸素を取り込むことで、生育がよくなる。

摘心 4

草丈20〜25cmになったら、先端をハサミで摘心し、わき芽を増やす。新芽に集まりやすいアブラムシよけにもなる。

タネまき 1

プランターに鉢底石、あらかじめ水で湿らせた培養土を入れる。表面を平らにならす。

8〜10cm間隔で、深さ5〜7mmのまき穴を5〜7か所あけ、1穴に7〜8粒のタネをまく。タネは好光性のため、かける土は薄くする。表面を軽く押さえ、水をやる。

間引き 2

成長に応じて2回に分けて間引く。葉の形の悪い株や弱々しい株を優先的に間引く。間引き菜もおいしく食べよう。

■ 1回目
本葉1〜2枚のころ、1穴につき3株を残して間引く。

■ 2回目
本葉6〜7枚のころ、1穴につき1株を残して間引く。

タネまき											
収穫											
1月	2月	3月	4月	5月	6月	7月	8月	9月	10月	11月	12月

CALENDAR

LEVEL

スイスチャード

暑さ、寒さに強いことから「不断草（ふだんそう）」とも呼ばれる葉菜。カラフルサラダだけでなく、ガーデンの彩りにも重宝！

ヒユ科
不断草

カラフルな見た目が美しく菜園の彩りにもぴったり！

ホウレンソウと同じヒユ科の葉菜です。暑さに強いので年間を通して栽培でき、病害虫に強く作りやすいのが特徴。ビタミンやミネラルの含有量は野菜の中でもトップクラスを誇ります。特筆すべきはカラフルな葉柄の色。ピンクや黄色、白など多彩な色があるので、残す株を確認しながらバランスよく間引きましょう。

DATA

● 栽培DATA
　草丈　　20～25cm
　株張り　5～10cm
● プランター［容量25ℓ以上］
　幅　　　60～65cm／奥行き　20～25cm
　深さ　　20～25cm

発芽までは土を乾かさない

日当たりを好む

風通しのよい場所

とれたてを味わう
虹色おにぎり

浅漬けにした葉でごはんを包めば、簡単カラフルおにぎりの完成。ピクニックや運動会のお弁当に入れれば、存在感抜群！

おいしいプランター野菜づくり　34

タネまき 1

プランターに培養土を入れて表面をならす。木片などを土の表面に押し当て、中央に深さ2cmのまき溝をつける。

1〜2cm間隔で溝の中にタネをまく。土をかぶせて手で押さえ、土とタネを密着させる。ハス口をつけたジョウロでたっぷり水を与える。

ポイント！

果皮はかたいので、ぬるま湯に一晩つけてからまくとよい。

間引き 2

1回目

発芽後、双葉が開いたら、葉同士が重なったところを中心に2cm間隔に間引く。

2回目

草丈10cm程度で3〜4cm間隔に間引く。

このころになると葉柄の色がはっきり分かるので、各色バランスよく残すとよい。

間引き菜。ベビーリーフとしておいしく食べられる。

追肥 3

間引き後、プランター当たり約15gの化成肥料を追肥する。

ココに技アリ！

株元に土寄せしよう

間引き後の株は軸が不安定で倒れやすく、風で振り回されたり、葉が土に触れて病気になりやすい。移植ゴテを使い、株元に1〜2cmほど土を寄せてぐらつかないよう自立させよう。

収穫 4

草丈が20cm程度になったら、ハサミで株元を切って収穫する。大株になるとアクが強くなるので早めの収穫がおすすめ。

色とりどりの葉柄が鮮やか！

| 1月 | 2月 | 3月 | 4月 | 5月 | 6月 | 7月 | 8月 | 9月 | 10月 | 11月 | 12月 |

タネまき／収穫

CALENDAR

サラダケール

青汁の材料にも人気のケール。生のままおいしく食べられるやわらかい葉のサラダ用品種ならモリモリおいしくいただけます！

アブラナ科
緑葉甘藍／羽衣甘藍

青汁の材料としても知られる健康野菜をサラダで食べよう！

アブラナ科のキャベツの仲間。青汁用、サラダ用などの品種がありますが、やわらかい葉のサラダ用品種ならプランターでも育てやすくおすすめです。アオムシやコナガなどの害虫の被害を受けやすいので、防虫対策が必須。目の細かい防虫ネットをタネまき直後にかぶせて、害虫の侵入をシャットアウトしましょう。

DATA

●栽培DATA
草丈　25〜35cm
株張り　20〜30cm

●プランター［容量20ℓ以上］
幅　約50cm／奥行き　約20cm
深さ　約20cm

土が乾いたらたっぷり

日当たりを好む

猛暑時は半日陰の涼しい場所

とれたてを味わう
千切りケールの海苔巻

味つけ海苔に千切りにしたケールをのせて巻くだけ。粉末ドレッシングで味の変化を楽しむのも◎。野菜嫌いのお子さまにも。

おいしいプランター野菜づくり

タネまき 1

プランターに培養土を数回に分けて入れ、そのつど水をやる。中央に木片などを押し当てて、深さ1cmのまき溝をつける。

まき溝に1cm間隔でタネをまく。タネが小さいので指先でつまみ、ひねるようにしてまくとよい。

ココに技アリ！

防虫ネットをかける

アオムシやコナガなどに葉を食べられないように、タネまき後すぐに防虫ネットをかぶせて予防しよう。トンネル支柱を立て、葉が成長するスペースをあけておくと葉が旺盛に育つ。

間引き 2

■ 1回目
双葉が開いたら、2〜3cm間隔に間引く。

■ 2回目
草丈10cm程度で7〜8cm間隔に間引く。小株が大株に負けないよう、成長具合が同じ株を残すとよい。

やわらかい間引き菜も栄養が豊富。捨てずに食べよう。

追肥、土寄せ 3

間引き後、プランター当たり約10gの化成肥料を追肥する。

追肥後、間引いた株がぐらつかないよう、片側から株元に土を寄せる。もう片側も同様に行う。

収穫 4

草丈が25〜35cm程度になったら収穫適期。大きく育ったものから順次収穫する。早めに収穫すれば葉がやわらかく、サラダでおいしく食べられる。

株元をハサミで切るか、引き抜いて収穫する。サラダやスムージーなど生のまま食べると、ビタミンCなどの栄養素を効率よく摂取できる。

column

手軽に楽しむレアな植物① サフラン

鮮やかな紫色の花にうっとり！

saffron

How To

1 鉢の底に赤玉土(中粒)を敷き詰め、芽を上にして球根を並べる。

2 球根の上に1cmほど土がかぶるくらい培養土を入れ、水やりする。

3 土が乾いたら水を与えて管理する。1か月ほどで芽が出てくる。

4 開花した日の朝、赤い雌しべを摘み取って収穫する。

パエリアやライスの色づけなどに利用される、地中海沿岸原産の秋咲き球根。淡い紫色の花は見た目も美しく、黄色い雄しべと赤色の雌しべの色の対比はとても鮮やか。スパイスとして使われる雌しべはエキゾチックな香りが特徴。1つの花から数本しか雌しべがとれないので、高級スパイスとしても有名です。栽培は、夏に出回る球根を入手し、8月下旬〜9月中旬に植えつけます。10〜11月に開花したら、できるだけその日のうちに雌しべを摘み取るのがポイント。キッチンペーパーなどでそっと包み、乾燥させて使います。

LEVEL 2

中級編

少しだけ栽培に慣れてきたら、つる性野菜や根菜類にも挑戦してみましょう。手間をかける分、すくすく育ってくれるので達成感もアップ。収穫したときの喜びもひとしおです。

| 1月 | 2月 | 3月 | 4月 | 5月 | 6月 | 7月 | 8月 | 9月 | 10月 | 11月 | 12月 | CALENDAR |

春植え　植えつけ　収穫
　　　　　　　　収穫
　　　　　　　　　　　　　秋植え　　　　植えつけ

LEVEL

サヤエンドウ

春の香りあふれる、シャッキリした食感。スイートピーのようなかわいらしい花も魅力。

マメ科
莢豌豆

見た目もおしゃれなオベリスクに巻きひげを絡ませて育てる！

晩秋に植えつけて、春先に収穫する「秋植え」が一般的ですが、「春植え」も可能。サヤエンドウ、スナップエンドウ、グリーンピースがあり、どれも同じように栽培できます。草丈が高く伸びるので支柱が必要ですが、手軽に設置できるオベリスク支柱を使うのがおすすめ。美しい花が咲くので庭やベランダにも映えます。

ＤＡＴＡ

● 栽培DATA
　草丈　　120〜180cm
　株張り　40〜80cm
● プランター［容量 20ℓ以上］
　直径　約30cm
　深さ　30〜35cm

花が咲いたらたっぷり

日当たりを好む

倒れやすいので強風が当たらない場所

とれたてを味わう
エンドウと豆苗の親子炒め

やわらかいつる先を豆苗として収穫。さやと一緒にバターで炒め、味つけは白だしで。シャキシャキ感を楽しめる一品です。

おいしいプランター野菜づくり　40

植えつけ、支柱立て 1

鉢底石と培養土を入れる。晩秋または春先に出回る、本葉3～4枚の苗を中央に植えつけ、水やりする。

高さ1.5m程度のオベリスク支柱を立てる。倒れないように土にしっかりさし、固定する。

日当たりのよい場所で越冬させる。

ココに技アリ！

最初はつるを誘引する

最初のうちは自力で絡みにくいので、巻きひげがオベリスクに絡むように麻ひもなどで誘引しよう。40～50cmの仮支柱を立てて株のわきに立て、つるを誘導してもよい。

麻ひもで、伸びたつるをオベリスクに誘引する。

仮支柱を立てて、つるがぐらつかないように固定する。

日々の管理 2

■ **追肥**
冬越し前の12月に約10gの化成肥料をまく。春先は、花が咲き始めたら2～3週間に1回追肥する。

■ **中耕**
追肥後、かたくなった土の表面を中耕する。土の中に酸素が送り込まれて根の生育がよくなる。

■ **水やり**
さやをつけるときに水を多く必要とするので、花が咲いたら毎日水やりをする。

収穫 3

つるがオベリスクいっぱいに広がった様子。開花から約10日後、さやの長さが5～6cmになったら収穫する。

春植え	植えつけ	収穫			
秋植え		植えつけ	収穫		

1月 2月 3月 4月 5月 6月 7月 8月 9月 10月 11月 12月　CALENDAR

LEVEL

ジャガイモ

1つのタネイモから10コ以上のイモがゴロゴロ！収穫が待ち遠しくなる、お得な栽培法です。

ナス科
馬鈴薯

成長に合わせて増し土をしてイモが太る空間を作り出す！

病気予防のため、タネイモは食用のものではなく、栽培用のものを用意します。タネイモの上にイモができるので、プランターに半分ほどの土を入れ、成長に合わせて数回に分けて「増し土」をしながら育てます。途中、芽の本数を2本程度にする「芽かき」を行うことで、ちょうどいいサイズ（M〜L）のイモができます。

DATA

● 栽培DATA
　草丈　　50〜60cm
　株張り　40〜50cm
● プランター［容量 25ℓ 以上］
　直径　30〜40cm
　深さ　30〜40cm

やや乾かしぎみに管理する

日当たりを好む

夏の猛暑時は涼しい場所へ

とれたてを味わう
ジャガイモのナムル

千切りにしたイモを水にさらします。中華スープの素、酢、ごま油、にんにくを混ぜたタレで和えればよいお酒のつまみに。

おいしいプランター野菜づくり　42

タネイモの準備 1

・・・芽
・・・へそ

重さ約50g以上のタネイモを1コ用意する。色の濃い芽が少し伸びているものがよい。

ココに技アリ！

へそを包丁で切る

植えつけ前に、タネイモのへそ側を少しだけ（5mm程度）包丁で切ると、芽の成長がよくスムーズに育つ。切り口は1日ほど乾燥させるか、時間がないときは草木灰をつけると腐りにくい。

切り口に草木灰をつけた様子。

植えつけ 2

プランターの1/2の深さまで培養土を入れる。中央に10cmほどの植え穴を掘り、タネイモを植える。5cmほど土がかぶるよう覆土し、水やりする。

芽かき 3

芽の本数が多いほど小粒のイモになる。草丈が15cmに伸びたころ、丈夫な芽を2本残してほかを引き抜く「芽かき」を行う。片手で株元を押さえ、つけ根から芽を引き抜く。

増し土、追肥 4

■増し土（1回目）
芽かき後、新しい土を葉のすぐ下まで足し入れる（増し土）。

■追肥
配合肥料を約30gまく。追肥はこの1回でOK。

増し土（2回目）

■増し土（2回目）
1回目の増し土から約2週間後、同様に増し土をしてイモが太るスペースを作る。増し土は、イモが日光に当たって緑化するのを防ぐ効果も。

収穫 5

植えつけから約3か月後、葉の一部が黄色くなってきたら収穫適期。

葉のつけ根を持ち、引き抜いてイモを掘り上げる。

タネまき ■
収穫 ■

| 1月 | 2月 | 3月 | 4月 | 5月 | 6月 | 7月 | 8月 | 9月 | 10月 | 11月 | 12月 | CALENDAR |

LEVEL

エダマメ

夏のビールのおつまみに自家製エダマメはいかが？豆本来の甘みとコクが口いっぱいに広がります。

マメ科
枝豆

「摘心」で徒長を抑えてさやつきをよくする！

マメ科の野菜は肥料をやりすぎると葉ばかり茂って実がつかない「つるぼけ」になりやすいので、培養土はチッ素成分が少なめのものを選ぶのがベター。草丈20cmのころに茎の先端を切る「摘心」をすることで、わき芽や根の量が増えてがっちり育ちます。風の影響を受けにくく、花芽がたくさんついて収量がアップします。

DATA

● 栽培DATA
　草丈　　　50～60cm
　株張り　　30～40cm
● プランター［容量 25ℓ以上］
　直径　　　30～40cm
　深さ　　　40～50cm

 花芽がついたら水切れさせない

 日当たりを好む

風通しのよい場所に置く

とれたてを味わう
焼きエダマメ

オリーブ油をフライパンで熱し、エダマメをさやごと入れて焼き目をつけて。ゆでるのとはまた違った食感が楽しめます。

おいしいプランター野菜づくり　44

1 タネまき

エダマメのタネ。

プランターに培養土を入れる。間隔を 20〜25cmあけて、深さ 2cmのまき穴を 2か所あける。各穴に 3粒ずつタネをまく。土をかぶせ、手で強めに押さえる。

たっぷり水やりをする。エダマメのタネは、水分が多すぎると酸素不足で発芽しにくくなるので、最初に 1回水やりしたら、その後は発芽まで水やりしない。

乾燥防止と鳥よけのため、不織布（または防虫ネット）をかぶせる。

2 間引き

双葉の次に出る葉（初生葉）が開き、本葉が出てきたら不織布をはずす。

1か所当たり 2本に間引く。残す株の根元を手で押さえ、弱々しい株を引き抜く。

ポイント！
ハサミを使わず根ごと引き抜く。こうすることで残す根にダメージが加わってがっちりと育つ。

ココに技アリ！
摘心してわき芽を増やす

本葉 5〜6枚のころ、茎の先端の成長点を指で摘み取る。上への成長が止まってわき芽や根の量が増え、コンパクトに育つ。強風で倒れにくくなり、花つきもよくなるので、さやがたくさんとれる。

3 追肥、水やり

花が咲いたら追肥のタイミング。化成肥料約 10gを追肥する。開花期に水切れするとさやのつきやふくらみが悪くなるので、土を乾かさないようにする。

4 収穫

株全体のさやがふくらみ、はちきれそうになる一歩手前で収穫を。株ごと引き抜き、さやを一つ一つもぎ取る。収穫したその日のうちに食べよう。

| 1月 | 2月 | 3月 | 4月 | 5月 | 6月 | 7月 | 8月 | 9月 | 10月 | 11月 | 12月 | CALENDAR |

植えつけ　　収穫

サトイモ

ねっとりとした口当たりとホクホクした食感が身上。1つのタネイモにたくさんのイモがつく様子は圧巻!

サトイモ科
里芋

プランターに土を半量入れ「増し土」しながら育てる

サトイモは草丈が1m前後と大きく育ち、1つのタネイモからイモが数十個つきます。たくさんのイモをつけさせるには、直径40〜50cmの大型プランターを選ぶのがポイント。タネイモの上に子イモや孫イモがつくので、プランターの半量の土にタネイモを植え、成長に合わせて土を足しながら（増し土）育てるのがコツです。

DATA

● 栽培DATA
　草丈　　80〜110cm
　株張り　50〜70cm
● プランター［容量60ℓ以上］
　直径　40〜50cm
　深さ　50〜60cm

乾燥に弱いので水を切らさずに育てる

日当たり〜半日陰

強風の当たらない場所

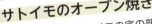

サトイモのオーブン焼き

サトイモの底の部分を切り落とし、210℃のオーブンで20〜30分焼きます。塩はお好みで。石焼きイモのような味わいです。

1 植えつけ

芽

タネイモを準備。芽が2～3mm出ているものがよい。

プランターの半分の深さまで培養土を入れ、配合肥料30gを混ぜる。

中央に植え穴をあけ、タネイモを押し込む。

芽が少し隠れるくらい土をかぶせる。底穴から水が流れ出るまで、ジョウロで水やりする。

2 追肥、増し土

■ 1回目
植えつけから約1か月後、葉が2～3枚広がったら、化成肥料約10gを追肥する。その後、新しい培養土を株元に入れる（増し土）。

■ 2回目
最初の追肥、増し土から約1か月後、1回目と同様に追肥、増し土をする。

ココに技アリ！
こまめに増し土をする！

イモはタネイモの上につくので、月に1回、4～5回に分けて増し土をし、イモを太らせる空間を作ろう。1回に足す土の量は、厚さ約5cmほど。茎の分かれ目を埋めないように増し土をしよう。

3 収穫

11月ごろ、地上部の葉が黄色くなり始めたら収穫適期のサイン。寒さに弱いので、霜が降りるころまでに収穫を済ませる。

まずは地上部の茎を包丁で切り取る。

根元をつかんで引き抜き、土を取り除く。ホースの水で土を洗い流してもよい。

親イモの周囲に子イモ、孫イモがびっしりついている。手でイモをはずし、親イモ、子イモなどに分ける。

| 1月 | 2月 | 3月 | 4月 | 5月 | 6月 | 7月 | 8月 | 9月 | 10月 | 11月 | 12月 |

春まき タネまき／収穫
秋まき タネまき／収穫

CALENDAR

LEVEL

小カブ

肌のきれいな小カブが
並んで育つ姿は観賞の価値あり！
加熱するとトロリとやわらかく、
浅漬けならジューシーな歯ごたえに！

アブラナ科
小蕪

作りやすいプランター向きの根菜
5〜6cmになったら早めの収穫を

大カブ、中カブ、小カブなどの種類がありますが、プランターでは直径5cmほどの小カブを育てるのがおすすめ。栽培期間が短く、初心者でも手軽に栽培できます。アオムシやカブラハバチなどの虫の被害を受けやすいので、タネまき直後から収穫まで、防虫ネットをかぶせ、虫から守りながら育てるのが安心です。

DATA

● 栽培DATA
草丈　30〜40cm
株張り　20〜30cm

● プランター［容量15ℓ以上］
直径　30〜35cm／奥行き　20〜25cm
深さ　20〜25cm

発芽後は控えめ、
肥大期は多め

日当たりを好む

強風の当たる場所は
避ける

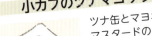
とれたてを味わう
小カブのツナマヨサラダ

ツナ缶とマヨネーズ、粒マスタードのドレッシングで和えて味をなじませて。カブは生のままでもおいしく食べられます。

1 タネまき

プランターに培養土を入れる。株間を約10cmあけ、指で深さ1cmのまき穴を8か所あける。

各穴に、3〜4粒ずつタネをまく。土をかぶせて押さえ、水やりする。

ポイント！

生育初期にアオムシなどに葉を食べられると、その後の生育が悪くなる。U字型の支柱をクロスさせて立て、防虫ネットをかぶせて侵入を防ごう。

2 間引き

■ 1回目
本葉2〜3枚の大きさになったら、小さい株や葉形の悪い株を間引いて1カ所当たり2本にする。

■ 2回目
本葉4〜5枚で1本立ちにする。残す株を傷めないように、根元を押さえながら引き抜く。間引き菜は味噌汁などに入れて味わおう。

3 追肥

2回目の間引き後、プランター当たり10〜15gの化成肥料を全体にパラパラとまく。

ココに技アリ！
土寄せで倒伏を予防！

間引き後、カブの葉は不安定で倒れやすいので、食べる部分（胚軸）が隠れるくらい、株元に土寄せしよう。葉を風であおられると太りにくいので、しっかり土を寄せておく。

4 収穫

胚軸の直径が5〜6cmになったらとりごろ。遅れると割れたり、かたくなったりするので迷わず収穫を。

太ったものから、根元をつかんで引き抜く。収穫後、葉を切っておくと長持ちする。

	タネまき	収穫	
1月 2月 3月 4月 5月 6月 7月 8月 9月 10月 11月 12月			CALENDAR

LEVEL

小カブ ナバナ

ナバナのやわらかい蕾と桃色の小カブで春の饗宴！小カブを収穫したあともナバナを長く楽しめてお得！

アブラナ科
小蕪(小カブ)　菜花(ナバナ)

小カブとナバナを一列ずつ栽培
収穫後の花を楽しむのも◎！

小カブとナバナを同じプランターで育て、2種類の収穫を楽しみます。タネまき後、1回のみ間引いて株間をあけ、追肥をして1株を大きく育てます。それぞれのとりごろは異なるので、適期を見計らって遅れないよう収穫を。ナバナの収穫は翌年の春まで続き、収穫後の株を残しておけば、黄色い花も楽しめます。

DATA

● 栽培DATA
　草丈　　　40〜60cm
　株張り　　20〜30cm
● プランター［容量 25ℓ以上］
　幅　　　　60〜65cm／奥行き　20〜25cm
　深さ　　　20〜25cm

 乾いたらたっぷり　 日当たりを好む　寒風を避ける

とれたてを味わう
春のお吸い物

 さっとゆでたナバナとカブを椀に盛り、熱々のだし汁を張ります。カブの桃色と、ナバナの緑が春らしさを感じさせます。

タネまき 1

横長プランターに鉢底石と培養土を入れる。列間を10cmほどあけ、小カブは株間約10cm、ナバナは6〜7cm間隔で深さ約1cmのまき穴をあける。

各穴に、小カブ、ナバナともに3〜4粒ずつタネをまく。土をかぶせ、手で押さえて水やりする。

ココに技アリ！
小カブとナバナは株間を変える！

根が横に肥大するカブは株間を約10cmあけ、上方に伸びるナバナは6〜7cmとし、それぞれ異なる株間でタネをまこう。写真のプランター（幅約60cm）の場合、小カブを6株、ナバナを8株育てられる。

間引き 2

タネまきから約1か月後、草丈10〜15cmになったら、間引きのタイミング。

小カブ、ナバナともに1か所当たり1本に間引く。間引きはこの1回のみでOK。

追肥、土寄せ 3

間引き後、10〜15gの化成肥料を追肥する。小クマデなどで株元に土寄せし、それぞれの株をしっかり立たせる。

トンネル支柱を3本立てる。

ポイント！

アオムシなどの害虫がつきやすいので、タネまき後すぐに防虫ネットをかぶせる。すき間ができないよう注意する。

収穫 4

小カブが太ってきたら、遅れないように収穫する。

小カブ

小カブは、直径5〜6cmになったら引き抜いて収穫する。

ナバナ

ナバナは蕾が開く直前に、茎を10〜15cmつけてハサミで切る。その後も3月ごろまで次々に花茎が出るのでそのつど収穫する。

春まき		タネまき		収穫								
			夏まき		タネまき		収穫					
1月	2月	3月	4月	5月	6月	7月	8月	9月	10月	11月	12月	CALENDAR

ニンジン

βカロテンなどの栄養素を
たっぷり含むニンジン。
土の中でじっくり育った
滋養たっぷりの根を味わって。

セリ科
人参

五寸タイプは根が深く伸びるので
深型のプランターを選ぶ

根が短い三寸、通常の五寸タイプがありますが、深さ30〜40cmの深型プランターなら五寸タイプも栽培可能。水を与えすぎると根が呼吸ができず、長く伸びないのでやや控えめで管理を。春と夏にタネまきできますが、初心者は夏まきが作りやすくておすすめ。春まきは、とう立ちしにくい晩抽性品種を選びましょう。

DATA

●栽培DATA
　草丈　　30〜40cm
　株張り　20〜30cm
●プランター［容量45ℓ以上］
　幅　　60〜65cm／奥行き　25〜30cm
　深さ　30〜35cm

水のやりすぎに注意

日当たりを好む

風通しのよい場所

とれたてを味わう
ニンジンのラペ

千切りのニンジンを塩もみしてしんなりさせます。マーマレード、レモン汁、オリーブ油のドレッシングで全体を和えたら完成。

おいしいプランター野菜づくり

追肥、土寄せ 3

2回目の間引き後、10g程度の化成肥料を追肥し、土寄せする。肥料が多すぎると又根（根の先端が分かれること）になりやすいので、まきすぎに注意。

収穫 4

根元の太さが3〜4cmになったものから順次収穫する。

根元を持ち、真上に引き抜く。残した株の生育を促すため、収穫後の穴は埋めておく。

ポイント！

プランターに不織布をかけてひもで留める。適度な湿度が保たれて発芽率がよくなるほか、害虫の被害も防げる。発芽までは毎日水をやる。

間引き 2

■ 1回目
タネまきから約20日後、本葉1〜2枚のころ、1か所当たり3本に間引く。間引き後も不織布はかけたままにし、不織布に触れるぐらいの草丈になったらはずす。

■ 2回目
1回目の間引きから約20日後、本葉5〜6枚で1本に間引く。残す株を傷めないようていねいに間引く。

間引き菜はやわらかいので、捨てずに食べて。

タネまき 1

深型プランターに鉢底石と培養土を入れる。乾いた土は水やりしても底のほうの土が湿りにくいので、あらかじめ培養土を湿らせておく。

列間を15cmほどあけ、板などで深さ0.5〜0.8mmの溝を2列作る。

ココに技アリ！
点まきにして間引きの手間を軽減！

溝の上に、点まき用の目印を約10cm間隔でつける。

目印をつけた場所に7〜8粒ずつタネをまく。土をかけ、タネが流れ出ないようにていねいに水やりをする。

あらかじめ最終株間（約10cm）になるように点まきすることで、間引き時に残す株を選びやすく、時短につながる。

おいしいプランター野菜づくり

| 1月 | 2月 | 3月 | 4月 | 5月 | 6月 | 7月 | 8月 | 9月 | 10月 | 11月 | 12月 | CALENDAR |

植えつけ／収穫

ゴーヤー

見た目も涼しげな緑×白のゴーヤータワー。暑い夏でもぐんぐん育ち、果実が鈴なりに実ります。

ウリ科
苦瓜、錦茘枝

長さ2m以上の支柱を3本立てつるを上方に伸ばして収量アップ

緑、白の実がなる2品種を同じプランターで育てます。寒さに弱いので、気温が十分に上がる5月中旬以降が植えつけの適期。長さ2m以上の支柱を立て、つるをらせん状に絡ませて育てます。水切れ、肥料切れに注意して育てると実が鈴なりに。収穫が遅れると黄色く熟して実が割れるので、早めの収穫を心がけます。

DATA

● 栽培DATA
　草丈　　180〜200cm
　株張り　30〜40cm
● プランター［容量20ℓ以上］
　直径　　30〜40cm
　深さ　　30〜40cm

たっぷり与える

日当たりを好む

強風が当たらない場所

とれたてを味わう
ゴーヤーのヨーグルトスムージー

苦みをやわらげるヨーグルトやバナナを加えてミキサーでなめらかに。好みでミントを加えると、すっきりとした飲み口に。

おいしいプランター野菜づくり　54

植えつけ 1

本葉4～5枚の若苗を選ぶとよい。緑、白の品種を1株ずつ入手する。

深型プランターに鉢底石と培養土を入れる。乾いた土は、水を与えても底のほうは湿りにくいので、あらかじめ培養土を湿らせておく。

もう一方の片側に、残りの苗を植えつける。株間を10㎝ほどあけて根が広く張るようにする。底穴から水が出るくらいたっぷり水やりする。

支柱立て 2

支柱の上部を束ね、ひもで固定する。

草丈180～200㎝に伸びるので、長さ240㎝の支柱を3本立てて支える。

誘引、摘心 3

つるが伸びだしたら、誘引テープなどで支柱に誘引する。しだいに巻きひげが自然に絡みつくようになるので、誘引は初めのうちだけでOK。

ココに技アリ！

摘心をして子づるを伸ばそう

実は子づるに多くつく性質があるので、本葉10枚のころ、親づるの先端を切り（摘心）、子づるの発生を促す。茎葉を茂らせるため、草丈が1m前後に伸びるまでは、雌花や実を取り除き、株の消耗を防ごう。

追肥 4

ゴーヤーの花。

摘心後、化成肥料を10～15g追肥し、成長を促す。その後も2週間に1回、追肥を続ける。

収穫 5

気温の上昇とともにつるがぐんぐん伸び、花や実をつける。品種の標準サイズに育ったものから収穫する。

緑色の果実の収穫。つけ根はかたいので、ハサミで切る。

白い果実の収穫。

タネまき											
			収穫								
1月	2月	3月	4月	5月	6月	7月	8月	9月	10月	11月	12月

CALENDAR

LEVEL

インゲン

やわらかいさやが鈴なりになるインゲン。プランターで育てるならつるなしタイプが◎！

マメ科
隠元豆

生育初期は防虫ネットをかけ鳥や害虫の被害をシャットアウト！

つるありタイプもありますが、プランターで栽培するなら草丈が低いつるなしタイプがおすすめ。鳥や害虫の被害にあうと収穫量が激減するので、防虫ネットをかけて育てます。注意したいのは、肥料や水のやりすぎによるつるぼけ。開花までは水をやや控えめにして根を伸ばし、追肥は最初の収穫後に1回のみ行います。

DATA

● 栽培DATA
　草丈　　60〜70cm
　株張り　40〜50cm
● プランター ［容量 25ℓ以上］
　幅　　40〜50cm ／ 奥行き　25〜30cm
　深さ　25〜30cm

開花後はたっぷり

日当たりを好む

風通しのよい場所

とれたてを味わう
インゲンの揚げ浸し

素揚げしたインゲンを、熱々のめんつゆに入れて味をなじませます。つゆの中におろしにんにくを加えると風味がアップ。

おいしいプランター野菜づくり　56

1 タネまき

インゲンのタネ。写真は殺菌剤がコーティングされた着色済みのタネ。

プランターに鉢底石と培養土を入れ、表面をならす。まずプランターの片側半分のところにタネを3粒、2〜3cmほど離して置く。指の先でタネを2cmほど（第一関節埋まるくらいまで）の深さに押し込む。

もう一方の片側に、株間を30cmほどあけてタネを3粒置き、同様に土に押し込む。手のひらで軽く押さえ、表面を平らにする。

ポイント！

ハス口をつけたジョウロでたっぷり水やりする。水分が多いとタネがふやけて腐りやすいので、2回目以降の水やりは発芽がそろってから行う。

2 防虫ネットかけ

インゲンのタネは、カラスなどの鳥に狙われやすいので、防虫ネットをかぶせてひもで留める。アブラムシなどの害虫も予防できるので安心。

ココに技アリ！

草丈が伸びたらネットの高さを調整する

草丈が伸びてネットに触れると葉がこすれて傷み、生育が悪くなる。トンネル支柱やUピンなどを立てて、葉に触れないようネットの位置を調整しよう。

トンネル支柱を斜めに立て、Uピンで固定。中央にもUピンを立て、ネットのたるみを防ぐ。

ネットのすそをひもで固定。開花後、さやがつき始めたころにネットをはずす。

3 収穫

開花後、さやの長さが10〜12cmになったら、収穫をスタート。

とりごろになったさやを、順次ハサミで切って収穫する。

推奨されている収穫サイズよりやや小さめ（若どり）のほうが、やわらかくて美味。

4 追肥

1回目の収穫後、プランター当たり12〜15gの化成肥料を追肥すると、その後も花が次々に咲く。さやが伸びたら、同様に収穫する。

| 1月 | 2月 | 3月 | 4月 | 5月 | 6月 | 7月 | 8月 | 9月 | 10月 | 11月 | 12月 | CALENDAR |

植えつけ 収穫

黒キャベツ

イタリア生まれの葉が巻かないキャベツ。縮れたややかたい葉は煮込み料理にすると美味！

アブラナ科
黒甘藍

害虫の被害は比較的少ないが初めのうちは防虫ネットを

葉が巻かないキャベツの仲間で「カーボロネロ」とも呼ばれます。あまり苗が出回っていないので、タネから育苗するのがおすすめ。結球キャベツより性質は丈夫ですが、株が小さいころに害虫の被害にあうと成長しないので、防虫ネットをかぶせて対策を。必要な分だけ葉を摘み取れば、長期間収穫を楽しめます。

DATA

- 栽培DATA
  草丈　　40〜50cm
  株張り　40〜50cm
- プランター［容量 20ℓ以上］
  直径　　30〜40cm
  深さ　　25〜30cm

乾いたらたっぷり

日当たりを好む

真夏は半日陰に移動

とれたてを味わう
くるくるロールキャベツ

さっとゆでた葉にベーコンを重ねてくるくると巻き、オリーブ油で軽く炒めて。そのままでもトマトジュースで煮込んでも。

おいしいプランター野菜づくり　58

タネまき 1

培養土を入れたセルトレイ（またはポリポット）にタネを3～4粒まく。発芽後、2回ほど間引きをして本葉3～4枚の苗に仕上げる。

植えつけ 2

本葉3～4枚に育てた苗（3株）を用意する。または市販の苗を入手する。

株間を20～25cmほどあけて植え穴をあけ、苗を3株植えつける。たっぷり水を与える。

ポイント！

株が小さいうちに害虫の被害にあうと、葉がすべて食べられて枯れてしまうこともある。防虫ネットをかぶせてすそを麻ひもでしっかり留め、モンシロチョウなどが入り込まないようにしよう。

追肥、中耕 3

■ 1回目
植えつけから約2週間後、草丈15～20cmになったら、化成肥料をプランター当たり約15g追肥する。その後も2週間おきに同様に追肥する。

化成肥料は、「有機入り」のものを使うと味わいもよくなる。

追肥後は、中耕を兼ねて肥料と土をよく混ぜる。

収 穫 4

植えつけから約2か月後、草丈が30cm以上、葉の枚数が13～15枚になったらとりごろ。下葉から順に必要な分だけかき取って収穫する。

とりたての黒キャベツ。

ココに技アリ！
収穫後の追肥で長く楽しむ

黒キャベツは寒さに強く、葉を10枚程度残して収穫すれば株がさらに大きくなり、翌年2月ごろまで収穫できる。葉を収穫したら、お礼肥として化成肥料を10gほどまき、葉の再生を促そう。

| 1月 | 2月 | 3月 | 4月 | 5月 | 6月 | 7月 | 8月 | 9月 | 10月 | 11月 | 12月 | CALENDAR |

植えつけ　収穫

LEVEL

キュウリ

開花から約1週間で収穫できるキュウリ。早めの収穫を心がければ長期間、収穫を楽しめます。

ウリ科
胡瓜

長さ150～180cmの支柱を立て親づると子づるを絡ませて育てる

4～5月に出回る苗を入手して育てるのが手軽です。苗は本葉2～3枚の若苗のほうが根づきやすくおすすめです。つるが長く伸びるので、長さ180cm程度の支柱を設置し、風で倒れないように固定します。葉が混み合ってくると蒸れて病気になりやすいので、枯れ葉や病気の葉を見つけたらこまめに摘み取りましょう。

DATA

●栽培DATA
　草丈　　150～200cm
　株張り　30～40cm
●プランター［容量35ℓ以上］
　幅　　45～55cm／奥行き　25～30cm
　深さ　30～35cm

乾いたらたっぷり

日当たりを好む

風通しのよい場所

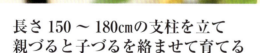
とれたてを味わう

棒々鶏風サラダ

ピーラーで薄くスライスしたキュウリに、サラダチキンをのせて。豆板醤を少し加えたごまドレッシングがよく合います。

おいしいプランター野菜づくり　60

1 植えつけ

本葉3～4枚の苗を約30cmあけて2株植えつける。50～60cmの竹ひごを交差させて立て、苗がぐらつかないようにしっかり支える。写真は植えつけから2週間後の様子。

2 支柱立て

高さ180cm程度の支柱を立てる。つる性植物を這わせる「オベリスク」支柱（写真）を利用するか、1株当たり3本の支柱を三角錐状に立て、頂部をひもで固定する（55ページのゴーヤー参照）。

ポイント！

果実の重みや強風で支柱が倒れないように、麻ひもなどでプランターにしっかり固定しよう。

3 誘引、整枝

つるが伸びたら、麻ひもで支柱に誘引する。つるにひもをかける際は、その後の成長を見越してゆとりをもたせ、支柱のほうはきつく結ぶ。

ココに技アリ！
5節目までの子づると雌花を取り除く

下から5節目までの親づるから出てくる子づると雌花は、ハサミで切り取ろう。まずは株の成長を優先させることで、たくさんの実がつくようになる。

4 追肥、枯れ葉取り

植えつけの3週間後から2週間に1回、プランター当たり約10g程度の化成肥料を追肥し、たっぷり水やりをする。枯れた下葉や病気の葉を見つけたらすぐに切り取る。

5 摘心

つるが旺盛に伸び、支柱の高さまで成長したら、先端をハサミで切り取る（摘心）。親づるを切ることで、子づるの発生を促す効果もある。

6 収穫

初めの1～2果は、10～15cmくらいで若どり収穫する。

安定して収穫できるようになったら、長さ18～20cmで収穫する。早めの収穫を心がけることが、長期間、果実をとり続けるコツ。

column

手軽に楽しむレアな植物② グラパラ・リーフ

おやつ感覚で楽しめる新顔野菜！

How To

1年を通して植えつけできるが、春か秋がおすすめ。

植えつけ前に苗の根鉢の土を軽くほぐす。

水はけをよくするため鉢底に赤玉土（中粒）を敷き詰める。

苗の周囲に培養土を詰め、明るい窓辺などで管理する。

メキシコに自生する多肉植物を食用に改良したグラパラリーフ。葉は肉厚でパリッとした食感で、生のまま食べると甘酸っぱいリンゴのような風味が口いっぱいに広がります。特筆すべきはその栄養価の高さ。特にカルシウムやマグネシウムが豊富で、成分量は青汁で有名なケールと同程度といわれています。栽培は苗を入手して植えつけ、直射日光の当たらない明るい窓辺に置くのがおすすめ。水のやりすぎは枯れる原因になるので、土がカラカラに乾いてからたっぷり与えます。葉が大きく育ったら、手でちぎって収穫します。

ghost-plant

LEVEL 3

上級編

野菜作りをもっと究めたい方に、ぜひ育ててほしい野菜を集めました。どれも株姿がダイナミックで、見た目も華やか。一鉢あるだけで日々の楽しみがぐっとふくらみます。

| 1月 | 2月 | 3月 | 4月 | 5月 | 6月 | 7月 | 8月 | 9月 | 10月 | 11月 | 12月 | CALENDAR |

一季なり：収穫
四季なり：収穫
植えつけ

LEVEL

イチゴ

実がつく時期によって、四季なりと一季なりタイプがあります。四季なりは、春のほか、夏から秋にも開花するので長く収穫が楽しめます。

バラ科
苺

イチゴがどっさり収穫できる
ストロベリーポットで栽培

壺形の鉢の周囲にポケット（植え口）が複数ついているストロベリーポットは、もともとイチゴ栽培用に作られたもの。イチゴの実が地面につかないので病気にもなりにくく、実がたわわに垂れ下がる様子はとてもゴージャス。上部の植え口では、ラディッシュやミズナなど、短期間で収穫できる野菜を育てます。

DATA

●栽培DATA
　草丈　　20～30cm
　株張り　25～30cm

●プランター［容量18ℓ以上］
　プランターの周囲にポケットが複数ある
　ストロベリーポット

乾いたらたっぷり。
葉や果実に
水をかけない

風通しのよい日なた

雨の当たらない軒下
などで管理する

とれたてを味わう
イチゴのドレッシング

果肉とオリーブ油、酢、塩こしょうをミキサーにかけてドレッシングに。フレッシュチーズとの相性抜群で見た目も華やか。

おいしいプランター野菜づくり

植えつけ 1

深さ50cm程度のストロベリーポットを使用。ポケットの部分が前傾しているもの、小さいものは土がこぼれやすいので避ける。

底に鉢底石を敷き、培養土を一番下のポケットの高さまで入れる。苗を下のポケットにさし、やや斜めにして植えつける。培養土を足して固定しながら、残りの株も植える。

ポイント！

花芽（果実）はランナーの跡の反対につくので、ランナーの跡がプランター側にくるように植えつける。

水分を全体に行き渡らせるため、植えつけの途中に2回くらい水やりを行うとよい。

追肥 2

12月中旬に1回、2月下旬〜3月上旬に1回、化成肥料を1株当たり約3g与える。

日々の手入れ 3

■ 水やり、枯れ葉取り
冬越し中は、乾燥で株が枯れないよう適宜水やりを行う。病気予防のため、枯れ葉はつけ根から取り除く。

■ 日当たりの確保
1週間に1回を目安に、プランターを1/3くらい回転させて、すべての株に日光が当たるようにする。

■ 人工授粉
花が咲いたら、やわらかい筆で花の中心をそっとなでて人工授粉をする。気温が低い時期やマンションの高層階など昆虫が少ない場所で行うと実つきがよくなる。

収穫 4

実がへたのほうまで赤く色づいたら、ハサミで切って収穫する

ココに技アリ！

上部の植え口で別の野菜を育てる

イチゴは栽培期間が長いので、上部にはラディッシュやミズナなど1か月ほどで収穫できる野菜を育てると空間の有効利用に。

● ラディッシュ
プランターの上部に、3〜4cmの間隔をあけて深さ1cmのまき穴を作り、ラディッシュのタネをそれぞれ4〜5粒まく。2回ほど間引いて1本立ちにする。根の直径が2〜3cmになったら収穫する。

● ミズナなどの葉菜類
ラディッシュと同様、タネまき、間引きをする。草丈が20cm程度になったら収穫する。写真はミズナを育てた例。ミズナのほかコマツナ、ミニチンゲンサイ、カラシナなどを育てても。

植えつけ
収穫

| 1月 | 2月 | 3月 | 4月 | 5月 | 6月 | 7月 | 8月 | 9月 | 10月 | 11月 | 12月 | CALENDAR |

LEVEL

ミニトマト

ツヤツヤ&プルプルの真っ赤な果実が
たわわに実るミニトマトのタワー。
夏の太陽をたっぷり浴びて育つ実は
誰もが笑顔になる格別の味です。

ナス科
蕃茄

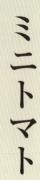

2本の枝を伸ばして1株から300個以上の収穫をめざす

トマトの場合、中心にある太い枝（主枝）を伸ばし、そのほかのわき芽はすべて取り除く「1本仕立て」という栽培法が一般的。今回は、主枝のほかに元気のいいわき芽を1本残す「2本仕立て」に挑戦。2本の枝をぐるぐるとらせん状に支柱に誘引し、コンパクトな形状に。1株からたくさんの収穫をめざします。

DATA

● 栽培DATA
　草丈　　150〜180cm
　株張り　50〜60cm
● プランター
　直径　30〜35cm［容量20ℓ以上］
　深さ　30〜35cm

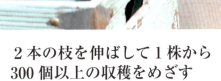

とれたてを味わう
メープルジンジャーマリネ

湯むきしたミニトマトをメープルシロップ、おろしショウガ、オリーブ油の液に漬け、冷やします。デザートやおつまみにも◎。

乾いたらたっぷり。
収穫前は控えめに

強い光を好むので、
直射日光に当てる

雨に当たると病気に
なりやすい

おいしいプランター野菜づくり　66

植えつけ 1

ミニトマトの苗。蕾や花がついている苗を選ぶ。ついていないものを植えると、枝ばかり茂る可能性がある。

プランターに培養土を入れる。実つきをよくするため、熔リン3〜5gを加えてよく混ぜる。中心より外側に苗を植えつける。その際、土の表面に対して、斜め45度くらい外側に寝かせて植える。

支柱立て、誘引 2

高さ150〜180cmのあんどん支柱（写真はオベリスク支柱）を立てる。茎をらせん状に這わせていくので、枝先を斜めにして、テープなどで誘引する。

枝先が上に向かないよう、最初はUピンで押さえておく。

主枝と、一番花のすぐ下から出るわき芽（側枝）の2本を伸ばし、それ以外のわき芽をすべて摘み取る（2本仕立て）。2本の枝が重ならないよう、支柱の外側にらせん状に誘引する。

日々の手入れ 3

■**わき芽かき**
主枝と側枝から出るわき芽は、すべて小さいうちに取り除く。

■**追肥**
最初の実がつき始めたら、化成肥料約10gをまき、中耕する。その後も、2〜3週間おきに同量を追肥する。

収穫 4

実がしっかりと色づいたものから、手で摘み取って収穫する。

ハサミで房ごと切り取ってもOK。

ココに技アリ！

枝を下ろして連続収穫

トマトは成長すると、草丈が2m以上になる。下の段の収穫を終えたら、枝を下げて仕立て直すとよい。コンパクトになって上の段の収穫がしやすくなり、長期間実がつくようになる。

誘引した部分をいったんはずし、全体的に枝を下げる。

おいしいプランター野菜づくり

| タネまき | | | | | | | | | | | |
|1月|2月|3月|4月|5月|6月|7月|8月|9月|10月|11月|12月|

収穫

CALENDAR

LEVEL

ゴボウ

培養土袋なら手軽に育てられ、深く掘る必要もないので収穫もラク。根の長さが35〜45cmのミニゴボウなら、育てやすく、成功率がアップします。

キク科
牛蒡

根が長〜く伸びるゴボウを培養土袋で手軽に栽培しよう

通常のプランターでは深さが足りず、育てるのは難しいゴボウですが、40ℓ程度の培養土の袋を使えば栽培可能。収穫時は袋を切れば、土ごと根が取り出せるので手間がかかりません。水はけが悪いと根が伸びないので排水用の穴をしっかりあけ、株間を10cm以上とって、1株1株を大きく育てるのがコツです。

DATA

● 栽培DATA
　草丈　70〜80cm
　株張り　50〜60cm

● プランター
　40ℓ程度の野菜用培養土袋

乾いたらたっぷり。
乾かしぎみにする

日当たりを好む。
夏は半日陰でもOK

土の上に支柱で
固定し、動かさない

とれたてを味わう
ゴボウチップス

薄切りにしたゴボウに片栗粉をまぶし、180℃の油でカラッと揚げるだけ。のり塩を軽くまぶせば、手が止まらないおいしさ。

準備 1

ポイント！

果皮がかたいので、タネは一昼夜水につけておく。

袋の底にハサミで切り込みを入れ、排水用の穴をあける。

排水用の穴を下にして土の上に置き、袋の上部をハサミで開封する。袋の周囲に支柱（3本）をさして袋が動かないように固定する。

ココに技アリ！

排水用の穴をあけて水はけをよく！

袋の底に水がたまると根が伸びない。袋を固定したあと、底の周囲に排水用の穴を10カ所程度追加してあける。

タネまき 2

事前にたっぷり水やりし、土の表面を平らにならす。深さ1㎝、10㎝間隔でまき穴をあけ、各穴に4〜5粒ずつタネをまく。ゴボウは光があった方が発芽しやすい好光性種子なので、土を薄めにかぶせて押さえ、水やりする。

間引き 3

■ 1回目
双葉が開いたら、各穴3本に間引く。

■ 2回目
本葉1〜2枚のころ、1本立ちにする。間引き後、株元に土寄せする。

追肥 4

2回目の間引き後、化成肥料を袋当たり10g程度与える。以後、1カ月おきに同量を与える。

収穫 5

タネまきから約100日後、根元の太さが2㎝ほどになったら収穫。

袋をカッターで切り、土を取り出して根を露出させ、引き抜く。袋を突き抜ける根もあるので、折れないように引き抜く。

収穫したゴボウ。とりたてはやわらかく、香りも豊かでおいしい。

| 1月 | 2月 | 3月 | 4月 | 5月 | 6月 | 7月 | 8月 | 9月 | 10月 | 11月 | 12月 | CALENDAR |

植えつけ／収穫

LEVEL

スイカ

つるが旺盛に伸びるので、支柱にらせん状に絡ませて育てます。空中にぶら下がるように実るスイカは、楽しく、見ごたえがあります。

ウリ科
西瓜

つるを立体的に仕立てて果実に養分を集中させる

大玉種と小玉種がありますが、プランターで育てる場合は小玉種を選ぶのがポイント。丸ごと冷やせる食べきりサイズで、果肉が黄色い品種やラグビー形もあります。つるが長く伸びるので、プランターではあんどん支柱に這わせる立体栽培がおすすめ。日光によく当ててつるを旺盛に伸ばすことが、立派なスイカを作るコツです。

DATA

●栽培DATA
　草丈　　100〜150cm
　株張り　50〜60cm

●プランター
　直径　　30〜40cm［容量20ℓ以上］
　深さ　　30〜40cm

乾いたらたっぷり。実がついたら毎日与える

強い光を好むので、直射日光にしっかり当てる

強風に当たらない場所に置く

とれたてを味わう
スイカのガスパチョ

一口大に切った果肉、トマトジュース、白ワインビネガーをミキサーにかけるだけ。さっぱりした味で、食欲のない夏も◎。

人工授粉、摘果 5

12節以降の雌花が咲いたら、雄花の花粉を雌花につける（人工授粉、13ページ参照）。1株に4個以上実ができたら、小さいうちに果実を摘み取り3果にする（摘果）。

吊り玉 6

果実の重みでつるが折れないように、ネット袋などを支柱に結びつけ、重みを支える。

収穫 7

開花（受粉）から40〜45日、果実の近くの巻きひげが枯れたらハサミで切って収穫する。

冷やしてからおいしく食べよう。

摘心、整枝 3

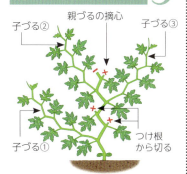

本葉6〜7枚のころ、親づるの先端をハサミで切る（摘心）。その後伸びてくる元気のいい子づるを2〜3本残し、ほかはつけ根から切り取る（整枝）。

ココに技アリ！
つるはらせん状に誘引

つるは、ひもや誘引テープを使って支柱の外側にらせん状に誘引する。日光が葉の1枚1枚に当たるよう、重ならないように誘引するのがポイント。

追肥、摘花 4

花が咲き始めたら、化成肥料約10gを2週間おきに追肥する。子づるの1〜11節に咲く雌花は取り除く（摘花）。

植えつけ、仮支柱 1

スイカの苗。

中央に植え穴をあけ、苗を植えつける。苗がぐらつかないように、長さ60〜70cmの仮支柱（竹ひごなど）を2本、交差させて立てる。

支柱立て 2

つるが伸び始める前に、高さ150〜180cmのあんどん支柱（写真はオベリスク支柱）を株の周囲に立てる。支柱が倒れないように、プランターにひもでくくりつけておく。

CALENDAR

1月	2月	3月	4月	5月	6月	7月	8月	9月	10月	11月	12月

春まき　タネまき　収穫
秋まき　タネまき　収穫

LEVEL

ダイコン

すらりと長く、ずっしり重い、長根種のダイコンに挑戦。深めのプランターに7株育てて、間引き菜もたっぷり味わいます。

アブラナ科
大根

根が30cm以上の長根種で間引きごとにおいしさを楽しむ！

根の長さが30〜40cmの長根種は、短根種（ミニダイコン）よりも難易度はやや高めですが、深さ40〜50cmの深型プランターを選べば十分に栽培可能。太い根を育てるには、タイミングよく間引きをして間隔をあけることがポイント。中央の株を大きく育て、ほかは間引きを兼ねて早めに収穫すれば、やわらかい葉ダイコンも楽しめます。

DATA

● 栽培DATA
　草丈　30〜40cm
　株張り　40〜50cm
● プランター［容量30ℓ以上］
　直径　30〜40cm
　深さ　40〜50cm

発芽後2週間はやや乾かしぎみに。その後は乾いたらたっぷり

日当たりを好む

風通しのよい場所

とれたてを味わう
ダイコンのみぞれ鍋

豚肉と野菜の鍋料理に、ダイコンおろしをたっぷり投入。肉がふわふわになり、胃腸が弱ったときもさっぱり食べられます。

＞ ココに 技アリ！

若どりで少しずつ収穫

中央の1株を残し、周囲の6株は間引きを兼ねて早めの収穫を。根も葉もやわらかいので、丸ごと食べられる。

1 タネまき

深さ40〜50cmのプランターに培養土を入れる。根を長く伸ばすため、鉢底石は不要。

土に指先を押し当て、深さ2cmのまき穴を10〜12cm間隔で7か所作る。1穴に4〜5粒のタネをまく。覆土して軽く押さえ、水を与える。害虫の被害を防ぐため、収穫間際まで、防虫ネットをトンネル状にかけておくとよい（詳細は11ページ参照）。

2 間引き

■ 1回目
発芽後双葉が開いたら、1か所当たり3株残して間引く。残す根を傷めないよう、ていねいに行おう。

■ 2回目
葉が5〜6枚に伸びたら、1か所当たり1本に間引く。間引いた葉はやわらかいので、葉ダイコンとしておいしく食べよう。

3 追肥、中耕

2回目の間引き後、プランター当たり約10g程度の化成肥料をまく。追肥後、小クマデなどでかたくなった土の表面を中耕する。

4 収穫

地上に根がせり出し、首回りが品種ごとの太さになったら収穫適期。

葉のつけ根を持ち、真上に引き抜いて収穫する。

73　おいしいプランター野菜づくり

	1月	2月	3月	4月	5月	6月	7月	8月	9月	10月	11月	12月
植えつけ					■							
収穫							■	■	■	■		

CALENDAR

LEVEL

ナス

漬物や煮物、炒め物など、いろいろな料理に活用できるナス。株を大きく、上手に育てれば、夏から秋まで次々と実がなります。

ナス科
茄子

水分と養分をこまめに補給し
おいしい秋ナスも味わおう

高温多湿の気候を好むナスは、寒さが苦手。植えつけは気温が十分に上がる5月以降に行います。根が深く張るので大きめのプランターに1株植えにし、主枝と側枝2本を支柱に誘引しながら育てます。水と肥料が大好きなので肥料切れ、水切れに注意。夏は葉裏にも水を勢いよくかけるとハダニ防止に効果があります。

DATA

● 栽培DATA
　草丈　　60～80cm
　株張り　50～60cm
● プランター　[容量25ℓ以上]
　幅　　30～40cm ／ 奥行き　約30～40cm
　深さ　30～40cm

水分を好む。
開花後は乾燥に注意

強い光を好む

直射日光の当たる場所。
猛暑日は明るい日陰へ

とれたてを味わう
干しナスのハンバーグ

1cm角に切ったナスを半日干し、鶏むね肉のたねに加えてハンバーグに。ナスが油を吸って、食べたときの満足感がアップ。

おいしいプランター野菜づくり　74

4 追肥

花が咲き始めたら、2週間おきにプランター当たり約10gの化成肥料をまく。

5 収穫

開花から15〜20日、中長ナスは長さ10〜12cmが収穫適期。

果皮につやがあるうちに収穫する。

■ 更新剪定

7月末〜8月初旬、株全体の高さが2/3程度になるように枝を切り詰め、株の周囲に移植ゴテを入れて根切りする。その後追肥を行うと、9月に株が再生し、おいしい秋ナスを楽しめる。

2 植えつけ後の手入れ

■ 一番果の収穫

植えつけから約1か月後、一番果がついたら小さいうちに摘み取る。

■ わき芽かき

一番果の前後に伸びてくる太くて丈夫なわき芽（側枝）2本を残し、そのほかのわき芽は手で摘み取る。主枝と側枝（2本）の3本仕立てにする。

3 本支柱立て、誘引

長さ120〜150cmの支柱2本を交差させて立て、交差した部分をひもで結んで固定する。

クリップやひもなどで、茎を支柱に誘引する。

1 植えつけ、仮支柱立て

培養土を1/3ずつプランターに入れ、そのつど水をやって土を湿らせておく。中央に植え穴をあけ、苗を植えつける。底穴から水が出るまでたっぷり水やりする。

長さ50〜60cmの仮支柱（竹ひごなど）を交差させて立て、苗がぐらつかないように支える。

ココに技アリ！

つぎ木苗で収量アップ

苗は病気に強く丈夫なつぎ木苗を選ぶと、長期間、ナスがたくさんとれる。価格はやや割高だが、初心者でも失敗が少ないのでおすすめ。

タネまき					収穫						
1月	2月	3月	4月	5月	6月	7月	8月	9月	10月	11月	12月

CALENDAR

ラッカセイ

育ち方がとてもユニークなラッカセイ。開花後に出るツノのようなものが、土にもぐる様子がなんとも不思議。夏休みの観察教材にもうってつけです。

マメ科
落花生

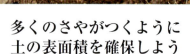

多くのさやがつくように土の表面積を確保しよう

ピーナッツとしてもおなじみのラッカセイ。育ち方が独特で、花が咲いたあと、子房柄（しぼうへい）と呼ばれる部分が下に向かって伸び、地中にもぐってさやがつきます。多くのさやをつけさせるには、土の表面積がなるべく広いプランターを選ぶのがポイント。土の表面がかたいと子房柄がもぐりにくいので、適宜中耕をしてやわらかくしておきます。

DATA

● 栽培DATA
　草丈　　40〜50cm
　株張り　50〜60cm

● プランター［容量30ℓ以上］
　直径　40〜50cm
　深さ　25〜30cm

水分を好む。
開花後は乾燥に注意

日当たりを好む

日当たりと風通しの
よい場所

とれたてを味わう
蒸しラッカセイ

よく洗ったラッカセイをさやごと15分ほど蒸すだけ。ゆでるよりもホクホクした食感で、豆の味をシンプルに味わえます。

1 タネまき

ラッカセイのタネ。食用のものは避け、栽培用のタネを用意する。

プランターの中央に、3cmほど間隔をあけ、タネを3粒並べる。

指でタネを土の中に押し込む。深さの目安は約2cm。

手で土の表面を押さえ、タネと土を密着させる。タネまき直後はたっぷりと水やりを。その後、発芽までは水やりを控える。発芽直後のタネは鳥に食べられやすいので、不織布などをかぶせておくとよい。

2 日々の手入れ

■ 間引きは不要
発芽後、不織布を取り除く。間引きはせず、3本立ちのまま育てる。

■ 増し土、追肥
黄色の花が咲き始めたら株元に新しい培養土を足し、化成肥料10〜15gを追肥する。

ラッカセイの花

■ 中耕
子房柄がもぐりやすいよう、土の表面を中耕してやわらかくする。この作業は、子房柄が出る前に行う。

ココに技アリ！

茎をプランターの内側におさめる

茎がプランターの外側にはみ出たら、内側に移動させてコンパクトに仕立てよう。多くの子房柄が土にもぐれるようにすることで、たくさんのさやができる。

3 収穫

タネまきから約5カ月後、茎の一部が黄色く枯れてきたら収穫適期。さやの一部を試し掘りし、網目がくっきりしていたらとりごろ。

株元を手で持って引き抜く。土の中に残っているさやも掘り取る。根からさやをはずして土を取り除き、乾燥させてから保存する。

塩ゆでラッカセイ

ゆでラッカセイは、とれたてを使う自家製ならではの楽しみ方。鍋に湯を沸かし、さやごと中火で約40分塩ゆでしたら完成。ホクホクした豆は、甘みがあってクセになる味わい。

| 1月 | 2月 | 3月 | 4月 | 5月 | 6月 | 7月 | 8月 | 9月 | 10月 | 11月 | 12月 | CALENDAR |

植えつけ：4月〜5月
収穫：6月〜10月

LEVEL

甘長トウガラシ

辛みのないトウガラシの仲間で、秋まで次々と収穫可能。同じ仲間のピーマンやシシトウも同様に栽培できます。

ナス科
甘長唐辛子

若いうちに次々収穫して たくさんの実をつけさせる

初心者でも育てやすく、1株から50コ以上の収穫が期待できるのでお得感たっぷり。実を大きくさせすぎると株が疲れてよい実ができないので、若いうちに次々と収穫するのが株を長持ちさせるコツ。枝が繁茂しすぎると日当たりや風通しが悪くなるので、収穫のたびに混み合った枝を剪定するとよいでしょう。

DATA

● 栽培DATA
　草丈　　60〜70cm
　株張り　50〜60cm
● プランター［容量20ℓ以上］
　直径　約30cm
　深さ　約30cm

水分を好む。開花後はこまめに水やりを

強い光を好むので、直射日光によく当てる

35℃以上の真夏は涼しい場所へ

とれたてを味わう
焼きトウガラシ

魚焼きグリルに重ならないように並べ、中火でこげ目がつくくらい焼けばできあがり。かつおぶしと麺つゆがよく合います。

おいしいプランター野菜づくり　78

植えつけ 1

花か蕾がついており、徒長していない苗を選ぶ。

培養土を1/3ずつ、数回に分けてプランターに入れ、そのつど水やりする。プランターの中央に苗を植えつける。鉢底から水が流れるくらいたっぷり水やりする。

ココに技アリ！

竹ひご2本で枝を支える

仮支柱として長さ60〜70cmの竹ひごを2本用意し、茎をはさむようにして交差させて立てる。ひもで誘引することなく、茎を支えることができる。

日々の手入れ 2

■わき芽取り
植えつけの約1か月後、枝分かれした部分の下から出てくるわき芽は、小さいうちにすべて取り除く。

■本支柱立て
仮支柱をはずす。
長さ150cm程度の本支柱を株元から5〜6cmほど離れたところにさし、クリップやひもで誘引する。

■追肥、中耕
植えつけの約1か月後から2週間に1回、化成肥料約10gを追肥する。
追肥後は、土の表面を中耕する。

収穫 3

■一番果の収穫
最初についた果実は、長さ2〜3cmで収穫を。その後も4〜5番目くらいまでは小さいうちに収穫し、茎葉の成長を優先させる。

植えつけから約2か月後、果実がつき始めたら、ハサミで順次収穫する。

収穫した甘長トウガラシ。丸ごとさっと焼くだけでもおいしい。

| 1月 | 2月 | 3月 | 4月 | 5月 | 6月 | 7月 | 8月 | 9月 | 10月 | 11月 | 12月 |

植えつけ／収穫　CALENDAR

LEVEL

ハクサイ

冬の鍋ものや炒め物、漬け物などで、さまざまな用途に重宝するハクサイ。中心から葉の枚数が増え、丸く結球していく様子は圧巻！

アブラナ科
白菜

苗を入手して育てるのが手軽
防虫ネットで害虫から守ろう

タネからも育てられますが、苗を購入して育てるのが手軽。植えつけが早すぎると害虫の被害にあいやすく、遅いと寒さで結球しないので適期に植えつけを。プランターでは収穫までの日数が短い早生種や、ミニハクサイが作りやすくておすすめ。アブラムシやアオムシがつきやすいので、必ず防虫ネットでカバーしましょう。

DATA

●栽培DATA
草丈　40〜50cm
株張り　30〜40cm

●プランター［容量50ℓ以上］
幅　約60cm／奥行き　約30cm
深さ　約30cm

土が乾くのを待って水やり。結球スタート時はたっぷり

日当たりを好む

風通しのよい涼しい場所

とれたてを味わう
カリカリベーコンのサラダ

多めの油でカリカリに炒めたベーコンを、熱いうちにハクサイのサラダに回しかけて。サクサクとした食感が楽しめる一品。

おいしいプランター野菜づくり

ココに技アリ！

こまめなケアで病気を防ぐ

株が蒸れて病気になるのを防ぐため、葉が成長し、トンネルにつくようになったら支柱とネットを速やかにはずして風通しをよくする。

病気予防のため、株元の枯れ葉は取り除く。

収穫 4

葉が結球し、球の上部を手で押してかたく締まっていたら収穫適期。結球部分を斜めに倒し、根元を包丁で切って収穫する。

収穫したハクサイ。乾燥でしなびやすいので、新聞紙でくるんで保存しよう。

防虫 2

■**支柱立て**
植えつけたらすぐに防虫対策をする。U字型の支柱を3本立てる。

■**防虫ネット張り**
支柱の上から防虫ネットをトンネル状にかぶせて、害虫の侵入を防ぐ。すその部分にすき間ができないようにひもで固定する。

追肥、中耕 3

植えつけの約1か月後から2週間に1回、プランター当たり化成肥料約10gを追肥する。追肥後、かたくなった土の表面を軽く中耕する。

植えつけ 1

本葉3〜5枚で、なるべく双葉がついている苗を選ぶ。

数回に分けてプランターに培養土を入れ、そのつど水やりをする。苗と苗の間隔を35〜40cm（ミニハクサイの場合は20〜25cm）あけて植えつける。

根鉢と土を密着させ、活着をよくするために、鉢底から水が出るくらいたっぷり水やりする。

1月	2月	3月	4月	5月	6月	7月	8月	9月	10月	11月	12月

植えつけ：4月下旬〜5月／収穫：10月〜12月

CALENDAR

LEVEL

芽キャベツ

小さいながらもしっかりキャベツ！茎の周囲につく姿がユニークで鈴なり状態にびっしりとなります。

アブラナ科
子持甘藍

「葉かき」をして日光を当てたくさんの小さな球を作る！

栄養価はキャベツよりも高いといわれる芽キャベツ。上手に栽培すれば、1株から70コ以上の球が収穫できます。植えつけ時期が遅れると寒さで結球しないので適期に植えつけ、害虫がつきやすいので防虫ネットをかけて対策を。途中、下葉を取り除く「葉かき」をしてわき芽に日光を当てると、球が大きく育ちます。

DATA

● 栽培DATA
　草丈　　50〜60cm
　株張り　30〜40cm

● プランター
　直径　30〜40cm［容量20ℓ以上］
　深さ　30〜40cm

乾いたらたっぷり

日当たりを好む

強風が当たる場所では支柱を立てる

とれたてを味わう
芽キャベツのドフィノア

薄切りジャガイモと芽キャベツを耐熱皿に並べ、牛乳、チーズをかけオーブンで焼いたシンプルグラタン♪ 熱々でどうぞ。

おいしいプランター野菜づくり　82

植えつけ 1

タネからでも育てられるが、本葉4〜5枚の市販の苗を用意するのが手軽。

プランターの中央に、根鉢を崩さないように植えつける。ジョウロでたっぷり水やりする。

防虫 2

アオムシなどの害虫に弱いので、植えつけ後すぐに防虫ネットをかける。2本のU字支柱をクロスさせて立て、ネットをかぶせてひもで固定する。

日々の管理 3

■追肥、中耕
植えつけの約1か月後、防虫ネットを取り除き、化成肥料約10gを追肥する。土の表面を中耕して、根に酸素を送る。以後も1か月おきに追肥、中耕する

■葉かき
初期は下から15cmほどの葉をつけ根から手で折り取り、わき芽が太るスペースを作る。日光が当たり、結球がしっかり太る。

葉かきを終えたところ。さらに1か月後、上部の葉を20枚程度残し、同様に葉かきを行う。以降は霜から守るために葉かきは行わず、そのままにしておく。

ココに技アリ!

枯れ葉を取って病気予防

葉かきをしたつけ根の部分が枯れて茶色くなっていたら、腐敗して病気の原因になるので、こまめに取り除こう。

収穫 4

球の直径が2.5cmくらいになったものから、球を指でつまんで、ねじるように回して収穫する。

収穫したメキャベツ。株元をハサミで切り、茎ごと収穫する方法も。

タネまき											
	植えつけ										
				収穫							
1月	2月	3月	4月	5月	6月	7月	8月	9月	10月	11月	12月

CALENDAR

LEVEL

トウモロコシ

収穫したその日が一番おいしいトウモロコシ。大型のプランターなら株がぐんぐん育ちます！

イネ科
玉蜀黍

複数の株をまとめて植えて確実に受粉させよう

草丈が高く、葉も広がるので、大型のプランターを使って育てるのがコツ。葉や茎が風であおられると倒れやすいので、強風の当たらない場所で育てましょう。雄花の花粉が風で飛び、別の株の雌花（絹糸）につくことで受精の確率が上がる性質があるので、複数の株をまとめて植えるのがポイントです。

DATA

● 栽培DATA
　草丈　　150～180cm
　株張り　40～50cm

● プランター ［容量25ℓ以上］
　直径　30～40cm
　深さ　40～50cm

とれたてを味わう
かんたんレンジ蒸し

 皮つきのまま1本ずつレンジに入れ、加熱すると5～6分。皮がラップの役目を果たし、甘みが凝縮されて別次元の味に。

 乾いたらたっぷり
 日光が大好き。直射日光に当てる
 壁の近くなど強風を避けられる場所

おいしいプランター野菜づくり　84

ココに技アリ！

雄花をゆすって人工授粉

頂部に咲く雄花の花粉を雌花（ひげ）につけるように、茎をゆすって花粉を下に落とす。こうすることで受粉が確実に行われ、実入りがよくなる。

雄花。

収穫 3

植えつけの約2か月後、雌穂のひげが茶色く枯れてきたら、とりごろ。皮の一部をめくって粒の色を確かめる

雌穂を茎の反対側に倒すようにしてもぎ取る。収穫直後は甘みがたっぷり。できるだけ早く食べよう。

植えつけ後、たっぷり水やりをする。

日々の管理 2

■ 追肥、中耕
追肥は、植えつけの約2週間後からスタート。プランター当たり約10gの化成肥料を与え、土の表面を中耕して根に酸素を送る。その約2週間後、同様に追肥、中耕する。

■ 水やり
植えつけから1か月後の様子。花が咲くころに水切れすると果実が大きくならないので、土が乾く前に水やりをする。

タネまき、植えつけ 1

トウモロコシのタネ。

直径9cmのポリポットを3個用意し、それぞれに培養土を入れる。間隔を3cmほどあけてタネを3粒ずつ置き、土の中に2cmくらい押し込む。土をかぶせて水やりをする。

発芽後、丈夫な株を残して2本に間引く。草丈15〜20cmになるまで育てる。

植えつけ前に、丈夫な株を1本残してハサミで間引く。株間を20cmあけて、3株植えつける。

column

古い土を再利用！栽培後の土、捨てていませんか？ 土のリフレッシュ作業

用意するもの

- 古い土
- 移植ゴテ
- ふるい
- ジョウロ
- 新聞紙（またはビニールシートなど）
- ポリ袋（透明または白）
- 土の再生（リサイクル）材 など

収穫が終わったあとの土は、捨てずに再利用すればゴミとして捨てる手間が省け、新しい土を買うための費用が節約できるのでおすすめです。ただし、そのまま繰り返し使い回すと、養分欠乏や病害虫などのトラブルが生じ、野菜がうまく育たないので古い土のリフレッシュ作業をしてから再利用します。手軽にできるので、ぜひ試してみましょう。

How To

1 ■表面のゴミを取り除く
収穫が終わった土をプランターに入れたまま乾燥させる。枯れた葉や茎、根、コケなどがあれば取り除く。

2 ■土の中のゴミを取り除く
プランターの土を移植ゴテでふるいに入れ、土中の枯れた根などを取り除く。大粒のゴロ土は再利用し、細かいみじんは取り除く。

3 ■ポリ袋に入れて湿らせる
古い土に米ぬか（あればEM菌）を1割ほど（標準プランターで4～5つかみ程度）混ぜ、ポリ袋に入れる。全体がしっとり湿るくらい水を加える。

4 ■密閉して日光に当てる
ポリ袋の空気を抜いて密閉し、直射日光の当たる場所に置く（夏は2～3週間、その他の季節は1か月以上を目安に）。平たい状態にする（写真）と、太陽熱で効率よく殺菌できる。

5 ■土の再生材を混ぜる
消毒後の土に規定の割合で土のリサイクル材を混ぜる。リサイクル材の代わりに赤玉土（または新しい培養土）を1：1で混ぜてもOK。

6 ■土壌酸度、養分を調整
土壌酸度を調整する苦土石灰や肥料を加えれば、リサイクル完了！

リサイクルした土で作る野菜はとてもエコ。さっそく次の野菜を作りましょう！

GARDEN 庭

◀ P88

約1㎡の"ちょい庭菜園"でどっさり収穫

あなたはどっち派？

畑がないから、野菜づくりは無理とあきらめていませんか？ちょっとしたお庭やベランダ、屋上があれば、さまざまな野菜が育てられます。ここでは庭で作る「ちょい庭菜園」のプラン提案と、ベランダ・屋上での栽培ポイントを紹介。お住まいの環境に合ったさまざまなヒントが満載なので、ぜひ参考にしてください。

BALCONY & ROOFTOP ベランダ 屋上

◀ P92

歩いて10秒の贅沢ベジタブルガーデン

Case.1 庭

約1m²の"ちょい庭菜園"で、どっさり収穫を楽しもう

用意するもの
- 菜園の枠（木材やレンガ、連杭など）
- 赤玉土 ●腐葉土
- 完熟牛ふん堆肥
- 苦土石灰 ●米ぬか ●スコップ ●野菜苗（トマト1株、ブロッコリー2株、リーフレタス2株、ニラ2株）●移植ゴテ ●オベリスク支柱（トマト用）など

植えつけ適期
4月中旬～下旬（※ここで紹介した野菜を植えつける場合）

リーフレタスの苗
トマトの苗
ブロッコリーの苗

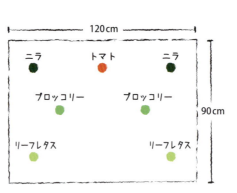

日当たりや見た目を考えてレイアウトしよう！

ここでは庭の一角などに90cm×120cmの「ちょい庭菜園」を作る方法を伝授。日々の成長を楽しみながら、とれたての野菜を収穫することができます。大収穫をめざすポイントは、野菜がよく育つフカフカの土作りを心がけること。かたい土では根が張りにくいので、スコップなどで深さ30cmまで耕し、土をほぐして有機物を投入します。

南側には草丈の低い野菜、北側には草丈の高い野菜を配置するなど、日当たりを考慮したレイアウトも重要。植えつける際は、シンメトリーに配置すれば見た目も美しく、観賞用としても楽しめます。

おいしいプランター野菜づくり　88

1 植えつけの準備

まずは、野菜が丈夫に育つ土を作ろう

1 木枠を作る

栽培スペースを木枠などで囲む。水はけをよくするため、スコップで深さ30cmほど耕し、足で土の塊を踏んでほぐす。この作業をすることで根が深く張り、野菜が丈夫に育つ。

MEMO
今回は長さ120cm×2本、90cm×2本の木材を木ネジで留め、木枠を作成。

2 苦土石灰をまく

土壌の酸性度を調整するため、苦土石灰100〜150g/㎡をまく。

3 スコップで耕す

スコップの刃を斜めに差し込んで引き抜き、土と苦土石灰を混ぜる。この作業を後退しながら行い、少しずつ耕す。

4 土壌改良資材を投入

赤玉土（中粒）、完熟牛ふん堆肥、腐葉土をそれぞれ3〜4ℓずつ入れる。

5 しっかり混ぜる

スコップで深さ15〜20cmまでしっかり耕す。

6 米ぬかと肥料をまく

土壌微生物の働きを活発にするため、米ぬかをまく。同時に化成肥料100〜150g/㎡を全面にまき、スコップでよく耕す。

7 表面をならす

塩ビパイプなどで表面を平らにならす。

8 完了！

準備完了。土が落ち着くまで1週間ほどおいてから植えつける。

2 準備ができたらさっそく植えつけよう

- 草丈が高くなるトマトを奥側に配置
- トマトの両脇にはトマトと相性がよいニラを
- それぞれの株間を40〜50cmあけ、日当たりと風通しをはかる。
- アブラナ科のブロッコリーとキク科のレタス、異なる科の野菜を隣同士に植えることで、互いの害虫の被害を回避

トマトを中心に、ブロッコリーやレタス、ニラをシンメトリーに配置してバランスよく

植えつけ後の管理は？

レタス
病気を予防するため、株元の枯れ葉をこまめに取り除く。

ブロッコリーほか
植えつけから約2週間後、1株当たり約3gずつ、化成肥料を追肥する。以後も2週間おきに追肥をして、成長を促す。

トマト
茎を麻ひもで誘引する。茎にかけるひもはゆるめ、支柱はかたく結ぶ。伸びた茎は、オベリスクの外側にらせん状に誘引する。葉のつけ根から伸びてくるわき芽を小さいうちにすべて取り除く。

茎が2m以上に伸びるので、支柱(写真はオベリスク支柱)で支える。

ニラ
植えつけ後、根が活着したら地上部を切り取る(捨て刈り)。

おいしいプランター野菜づくり

3 野菜ごとの適期になったらいよいよ収穫！

(植えつけから1カ月後)

レタス
株張りが30cm程度になったらとりごろ。外葉から順次かき取り収穫すれば、長く楽しめる。

ブロッコリー
蕾の直径が12～13cmになったら、茎を5cmほどつけて包丁で切り取る。

トマト
へたのほうまで赤く色づいてきたら、ハサミで切って収穫する。

ニラ
捨て刈り後、新芽が伸びてきてまた再生する。草丈20～25cmのころ、株元から2～3cmのところをハサミで切る。

ROOFTOP

Case.2
ベランダ・屋上で楽しむ

ベランダや屋上をわが家のベジタブルガーデンに

とりたてを食卓へ直行！ 必要な分を繰り返し収穫

　食べたいときに必要な分だけ収穫できるのがうれしいベランダや屋上菜園。成長の様子が間近で確認でき、室内からの距離が近いので、水やりなど日々の管理作業をしやすいのもメリットです。

　ベランダや屋上ではさまざまな野菜が育てられますが、そのままサラダとして食べられるベビーリーフやリーフレタス、チコリーなどの葉野菜は、食べる分だけ少しずつ繰り返し収穫できるのでお得感もたっぷり。葉ネギやパセリなどの香味野菜は、1株あるだけでサラダや料理の彩りとして重宝します。

おいしいプランター野菜づくり　92

BALCONY &

こんな活用ができる！

鮮やかな赤紫色の葉色がきれいなトレビスとチコリー（写真右）、苦みがクセになるエンダイブ（写真左）。サラダやメイン料理の付け合わせに。

サラダ用野菜

ベランダですくすく育つ、チコリーとエンダイブ。成長した外葉からかき取り収穫すれば、その後も葉が成長して増えるので、繰り返し長く楽しめる。（栽培方法→16ページ）

香味野菜

葉ネギやイタリアンパセリ、ニラは、食欲をそそる香りが魅力。少しあるだけで、彩りや香りづけなど、料理の幅が豊かに。（栽培方法→18ページ）

重い鉢はキャスター台に

重量のある素焼き鉢などは、キャスターつきの台に載せれば移動も楽。日当たりや風通しのよい場所へこまめに移動することで、生育がよくなります。

自家製の野菜でおうちごはん。会話も弾みます！

摘み取った葉野菜は、軽く洗って盛りつけるだけで見た目もカラフル。

delicious!

魚介の旨みがきいたトマト仕立てのパスタ。イタリアンパセリをのせて。

玄関先でも楽しめる

ある程度明るさがあれば、玄関先などでも野菜づくりを楽しめます。レタスやネギ、パセリなどは見た目も美しく、実用を兼ねた憩いの空間を演出することができます。

おいしいプランター野菜づくり

ROOFTOP

ベランダ菜園で気をつけることは？

1 太陽の動きを確認する

ベランダは、方角や位置によって日当たりが変わるので、スペースごとに日光の差し込み方や日照時間を確認しておくことが大事。日当たりが一番よい場所では強い光を好む野菜、日当たりが悪い場所では半日陰でも育つ野菜を育てるなど、スペースに応じて種類を選びます。

2 フェンスの形状を確認する

フェンスの形状は、建物によってルーバータイプや半透明のアクリル、コンクリートなどさまざまです。特にコンクリートの場合、栽培スペースの多くが日陰になるため、半日陰でも育つ野菜を栽培するか、花台などでプランターを高い位置にするなどの工夫が必要です。

3 安全のためのルールを守る

ベランダの通路は緊急時の避難経路になるため、人が通れるスペースを十分確保します。隣家との境にあるベランダの隔て板の近くに物を置くのはＮＧ。吊り下げハシゴなどが組み込まれた避難用ハッチの上にプランターやウッドパネルなどを置くのも避けます。

おいしいプランター野菜づくり　94

BALCONY & 屋上菜園で気をつけることは？

1 強風対策をしっかり行う
　強風にさらされる屋上では、風よけネットなどを張って防風対策を万全に。草丈が高く育つトマトやキュウリなどの栽培は難しいので控えるか、倒伏しないようしっかり固定します。ベランダと異なり全方位から風が吹くため、乾燥した土が建物の外へ飛散しないよう注意します。

2 許容積載荷重を確認する
　屋上に積載できる重さには制限があります。建物によって異なるため条件を事前に把握しておきましょう。積載荷重には、プランターの野菜や土の重さだけでなく、ウッドデッキやレンガなどの重さも含みます。作業を行う人の重さも考慮に入れ、規定内の荷重を超えないようにします。

3 暑さや寒さに注意する
　周囲がオープンな環境のため、夏は暑さ、冬は寒さの影響を強く受けます。猛暑時は複数のプランターをまとめて日陰を作る、涼しい場所へ移動させるなどの工夫が必要です。一方、冬は霜や寒風による影響を受けやすいため、寒さに弱い植物は、寒冷紗などを使った霜よけや風よけを行うとよいでしょう。

著 者　加藤正明（かとう まさあき）

体験農園園主。東京都指導農業士。日本野菜ソムリエ協会ジュニア野菜ソムリエ。2005年、東京都練馬区の体験農園「百匁の里」を開園。現在は約150名の会員に栽培指導を行い、ていねいな技術指導に定評がある。野菜ソムリエ協会主催・第2回ベジフルサミット枝豆部門では最高得点で入賞。NHK趣味の園芸「やさいの時間」では講師や栽培管理を担当。著書・監修書『加藤流 絶品野菜づくり』（万来舎）、『農家直伝 おいしい野菜づくり』（永岡書店）、『野菜作り 達人のスゴ技100』（NHK出版）など。

Staff

カバー	山下喜恵子（SANKAKUSHA）
本文デザイン	ふせゆみ、小出正子
DTP	亀口和明
イラスト	小紙陽子（レシピ）、山村ヒデト（栽培）
撮影	丸山滋、渡辺七奈
編集	佐久間香苗
制作	万来舎

参考文献

- 『農家直伝 おいしい野菜づくり』加藤正明監修（永岡書店）
- 『NHK 趣味の園芸 やさいの時間 新 藤田智の野菜づくり大全』藤田智監修（NHK出版）
- 『NHK 趣味の園芸 やさいの時間 藤田智の成功するコンテナ菜園』藤田智監修（NHK出版）
- 『はじめてのコンテナ野菜づくり』麻生健洲監修（ナツメ社）

農家の加藤さんが教える
おいしいプランター野菜づくり

2025年2月20日　初版発行

著者	加藤正明
発行人	勝山俊光
編集人	川本 康
編集担当	片柳卓也
発行所	株式会社 玄光社
	〒102-8716 東京都千代田区飯田橋 4-1-5
	TEL：03-3263-3515（営業）
	FAX：03-3263-3045
	URL：https://www.genkosha.co.jp/
	問い合わせ URL：https://www.genkosha.co.jp/entry/book_contact/

印刷・製本　シナノ印刷株式会社

© 2025 BANRAISHA Co.,Ltd.
© 2025 GENKOSHA Co.,Ltd.
Printed in Japan

JCOPY ＜(社)出版者著作権管理機構 委託出版物＞

本誌の無断複製は著作権法上での例外を除き禁じられています。複製される場合は、そのつど事前に、(社)出版者著作権管理機構（JCOPY）の許諾を得てください。また本誌を代行業者等の第三者に依頼してスキャンやデジタル化することは、たとえ個人や家庭内での利用であっても著作権法上認められておりません。
JCOPY〈TEL:03-5244-5088　FAX:03-5244-5089　E-mail:info@jcopy.or.jp〉